presenté a Monseigneur
de la part de M. Dutheil
Gentilhomme de la chambre
de Monsieur

HYMNES
DE
CALLIMAQUE,

NOUVELLE ÉDITION;

AVEC

UNE VERSION FRANÇOISE

& des Notes.

A PARIS,
DE L'IMPRIMERIE ROYALE.

M. DCCLXXV.

À

MONSIEUR.

MONSEIGNEUR,

LES Hymnes dont j'ose vous présenter aujourd'hui la traduction, ne seront point lûes, ſans doute, dans le ſiècle où nous ſommes, avec le même intérêt qu'au temps où le Poëte qui les avoit composées, fut honoré de la faveur d'un grand Roi. Mon travail pourra donc paroître peu digne de fixer votre attention. Mais l'accueil que vous avez bien voulu faire à ma traduction de deux Traités de Plutarque, m'enhardit à vous offrir ce nouvel hommage. Quand vous daignez, MONSEIGNEUR, accepter un ſi foible tribut de mon zèle, vous montrez autant votre bonté pour ceux qui vous servent, que votre goût naturel pour les Lettres.

Je suis avec le plus profond respect,

de *MONSIEUR,*

Le très-humble & très-obéissant serviteur,
LA PORTE DU THEIL.

DISCOURS PRÉLIMINAIRE.

PARMI les différentes productions de l'Antiquité, qui paroiſſent avoir été juſqu'à préſent auſſi négligées par les lecteurs ſuperficiels, qu'eſtimées des véritables amateurs de la langue Grecque, on diſtingue ſur-tout les hymnes de Callimaque. Tandis que les travaux multipliés d'une foule de commentateurs, qui ſe ſont attachés à éclaircir le texte de cet auteur, & le grand nombre d'éditions qu'ils en ont données ſucceſſivement, ſemblent annoncer le cas qu'on doit faire de ces hymnes, la plupart de nos littérateurs les regardent comme de ſimples généalogies des Dieux du Paganiſme, comme des eſpèces de litanies mythologiques, qui ne pouvoient intéreſſer que les Grecs.

J'avoue qu'en général on ne voit dans ces petits poëmes, ni la richesse des compositions d'Homère, ni le feu des odes de Pindare ou des chœurs des Tragiques; mais j'ose dire aussi que Callimaque, dont le principal mérite ne consiste, si l'on veut, que dans une élégance continue & dans la variété des détails qu'il sait placer à propos, montre quelquefois assez d'élévation & de force, pour que le jugement d'Ovide qui lui refusoit entièrement le génie, & ne lui accordoit que l'art, paroisse au moins trop sévère.

D'ailleurs la lecture de ses hymnes qui, comme pièces de Poësie, ont droit de nous intéresser, doit nous attacher encore plus par l'utilité dont elle est pour la parfaite intelligence de la Fable & de l'Histoire ancienne. Les Notes de plusieurs savans hommes,

& sur-tout le vaste commentaire de Spanheim, en ont fait sortir une foule de traits variés, qui peuvent servir à l'éclaircissement de plusieurs points de Mythologie & d'Histoire, principalement par rapport aux pratiques religieuses de plusieurs fêtes célèbres dans la Grèce. C'est en suivant les traces de ces laborieux écrivains, en réunissant tous ces différens traits épars dans leurs Écrits, & en recueillant ceux qui pouvoient leur être échappés, que je suis parvenu à donner dans plusieurs Dissertations, lûes à l'Académie des Belles-Lettres, une idée plus juste que celle qu'on s'étoit formée jusqu'à présent, des solennités pour lesquelles la plupart de ces hymnes ont été composées, telles que les fêtes Carnéennes, les Thesmophories, la cérémonie des bains de Pallas & les fêtes de Délos.

Si les détails néceſſaires à ce genre d'ouvrage, détails traités ſouvent de minutieux ou d'inutiles, par ceux que des études ſérieuſes n'ont point préparés à en connoître le prix & l'uſage, ont pu ne pas déplaire dans un lieu où rien de ce qui concerne l'Antiquité n'eſt étranger, j'ai toujours été bien éloigné de penſer à les mettre jamais ſéparément ſous les yeux du Public. Je comptois même que la traduction des hymnes ne paroîtroit qu'à la ſuite de ces différentes Diſſertations, ſuppoſé qu'un jour l'Académie dont j'ai l'honneur d'être Membre, les jugeât dignes d'être inſérées dans le Recueil de ſes Mémoires. Mais ayant appris par la lecture des Écrits périodiques, qu'un homme de Lettres, qui ne ſe nommoit point, ſe diſpoſoit à faire imprimer une imitation françoiſe des hymnes de

Callimaque ; j'ai cru pouvoir, ſans injuſtice, me hâter de profiter d'un travail déjà fait, & me procurer le foible avantage de contribuer le premier à faire mieux connoître un Auteur injuſtement relégué juſqu'ici dans la bibliothèque des ſeuls Érudits.

Tel eſt le motif qui me détermine à donner aujourd'hui cette traduction ; mais avant tout, on me ſaura gré peut-être, de raſſembler ici tout ce qu'on peut ſavoir touchant la perſonne de Callimaque, & ſes nombreux ouvrages, dont nous ne poſſédons aujourd'hui que la moindre partie.

CALLIMAQUE, fils de Battus & de Méſatma, étoit né à Cyrène en Libye. Le nom de ſon père a fait préſumer qu'il étoit de la race du fameux Battus, autrement nommé Ariſtote, fondateur de cette capitale de l'Afrique; & le rang diſtingué que ſa famille tenoit dans ſa patrie, ſemble autoriſer cette conjecture. Lui-même, dans une épitaphe qu'il avoit faite pour orner le tombeau de ſon père (1), & où, pour le dire en paſſant, il ſe vante aſſez

---

(1) Voici le ſens de cette épitaphe, que j'ai tâché de renfermer en huit vers.

Paſſant, qui que tu ſois, ce marbre funéraire
couvre d'un Callimaque & le fils & le père.
S'il te faut d'un ſeul trait les dépeindre tous deux;
mon père, aux champs de Mars, illuſtra ſa patrie;
mon fils, par ſes écrits, a ſu vaincre l'envie.
Et n'en ſois point jaloux; car l'enfant trop heureux,
que daignent careſſer les Nymphes du Permeſſe,
voit leur conſtant amour embellir ſa vieilleſſe.

Ὅστις ἐμὸν παρὰ σῆμα φέρεις πόδα, Καλλιμάχου με
ἴσθι Κυρηναίου παῖδάτε καὶ γενέτην.
Εἰδείης δ' ἄμφω κεν. Ὁ μέν ποτε πατρίδος ὅπλων
ἦρξεν· ὁ δ' ἤεισεν κρείσσονα βασκανίης.
Οὐ νέμεσις. Μοῦσαι γὰρ ὅσους ἴδον ὄμματι παῖδας
μὴ λοξῷ, πολιοὺς οὐκ ἀπέθεντο φίλους.

naïvement d'être au-deſſus de l'envie, nous apprend que ſon grand-père qui ſe nommoit comme lui Callimaque, avoit commandé les armées de ſa nation. L'uſage étoit, chez les Grecs, que les enfans portaſſent le nom de leur grand-père plutôt que celui de leur père; ce qui, dans une ſucceſſion généalogique, produiſoit une ſuite alternative des mêmes noms, comme on le voit par la généalogie des Callias, célèbre famille Athénienne dont parle Ariſtophane.

Il ſeroit difficile de ſavoir préciſément l'année où naquit Callimaque. Si les vers inſérés ſous ſon nom au 3.e livre de l'Anthologie *(épig. 10, p. 313)*, étoient effectivement de lui, & que ce fût de lui-même qu'il eût voulu parler, on en pourroit conclure que ſa naiſſance précéda de peu, ou ſuivit de près la mort d'Alexandre. Le poëte, ou le perſonnage qu'il introduit dans cette épigramme, s'y exprime en homme fort âgé ; & Callimaque, comme on le ſait d'ailleurs, ne mourut que dans les premières années du règne de Ptolémée Évergète, plus de quatre-vingts ans après la mort du roi de Macédoine. Mais outre qu'il eſt fort incertain que Callimaque ſoit réellement l'auteur de l'épigramme dont il s'agit, il paroît clair que le poëte, quel qu'il ſoit, n'y a point prétendu parler en ſon nom, & l'on peut s'en convaincre par la lecture de la pièce même *(1)*.

(1) Cette épigramme, que certains manuſcrits attribuent à Simonide, n'eſt autre choſe qu'une eſpèce d'épitaphe, où l'on fait parler un pauvre vieillard qu'on ſuppoſe s'être enterré lui-même pour finir ſa vie & ſa misère. Quoique l'hiſtoire ne nous apprenne point quelle fut la fin de Callimaque, on verra par la ſuite de ce diſcours

Quoi qu'il en ſoit, Callimaque floriſſoit vers cette époque où la Grèce fatiguée, pour ainſi dire, par les miracles de tout genre qu'elle avoit enfantés pendant près de deux ſiècles, & comme épuiſée ſur-tout par le dernier effort qui lui avoit fait produire le vainqueur des nations, vit le génie des Lettres & des Arts s'envoler de ſon ſein, s'arrêter quelque temps à la cour

---

qu'il ne peut avoir terminé ſes jours d'une façon ſi cruelle.

> Γήραϊ καὶ πενίῃ τετρυμένος, οὐδ' ὀρέγοντος
> οὐδενὸς ἀνθρώπου δυστυχίης ἔρανον,
> τοῖς τρομεροῖς κώλοισιν ὑπήλυθον ἠρέμα τύμβον·
> εὗρον οἰζυροῦ τέρμα μόλις βιότου.
> Ἠλλάχθη δ' ἐπ' ἐμοὶ νεκύων νόμος· οὐ γὰρ ἔθνησκον
> πρῶτον, ἔπειτ' ἐτάφην· ἀλλὰ ταφεὶς, ἔθανον.

> Pauvre & ſurchargé d'ans; rebuté des humains,
> dont le cœur trop avare aux indigens ſe ferme;
> dans ce tombeau creuſé de mes tremblantes mains,
> de ma misère à peine ai-je trouvé le terme.
> A nul autre mon ſort ne ſera comparé;
> l'on enterre les morts, moi je meurs enterré.

des Lagides, & ſe fixer enſuite chez le peuple conquérant dont elle devoit bientôt devenir la tributaire & l'eſclave. Parmi le grand nombre de Poëtes que la magnificence & la libéralité des Ptolémées attira pour lors en Égypte, on en diſtingua ſur-tout ſept, connus ſous le nom de *Pléïade*, & dont le plus célèbre fut, ſans contredit, Callimaque.

Inſtruit dans ſa jeuneſſe par Hermocrate, grammairien célèbre alors, mais dont on ne connoît aujourd'hui que le nom, il ſe vit bientôt en état de former à ſon tour des diſciples & de faire oublier la réputation de ſon maître. En effet il s'établit dans un des fauxbourgs d'Alexandrie, & y fonda une École où le fameux Ératoſthène, ainſi qu'Apollonius de Rhodes, Ariſtophane de Byzance, & Philoſtephanus, acquirent les connoiſſances & les talens qui

qui les firent briller dans la ſuite. On peut, à ces noms connus dans l'Antiquité littéraire, joindre celui de ſon neveu Callimaque, fils de ſa ſœur Mégatime, & de Stazénor. Le goût que ce jeune homme prit pour les Lettres, & la réputation qu'il s'acquit par divers ouvrages, furent vraiſemblablement le fruit des leçons de ſon oncle, dont l'exemple influoit ſur tous ceux qui l'approchoient & les animoit à l'étude. L'un de ſes eſclaves, nommé Iſter, qui lui ſervoit de ſecrétaire, profita ſi bien du commerce de ſon maître, qu'il compoſa pluſieurs livres leſquels n'étoient point ſans mérite, puiſque plus de quatre ſiècles après ſa mort, Saint Jérôme ne dédaigna point d'en faire une traduction que L. Gyraldi prétendoit avoir vu manuſcrite dans une bibliothèque de Rome.

Ce métier qu'exerça d'abord Callimaque, peu convenable, ce ſemble, à un deſcendant des premiers Rois de Cyrène, pourroit jeter des doutes ſur la nobleſſe de ſon extraction, ſi l'on ne ſavoit qu'il étoit peu favoriſé des biens de la fortune, & ſi l'on ne faiſoit réflexion que la protection éclatante dont les Lagides honorèrent les gens de Lettres, dut naturellement ennoblir une profeſſion deſtinée à être bientôt mépriſée, mais qui étoit à leur Cour le chemin le plus ſûr pour arriver à la faveur du Prince.

Bientôt après notre Poëte fut admis dans ce fameux Muſée, où Ptolémée Philadelphe, par une magnificence vraiment royale, ſe plut à raſſembler tout ce qu'il parut de ſavans hommes & d'artiſtes célèbres durant ſon règne, de quelque pays qu'ils fussent. Là, profitant du loisir & des facilités que la libéralité de ce Prince y procuroit à tous ceux qu'il y avoit reçus, il composa ce grand nombre d'ouvrages de tout genre, qui lui valurent pendant sa vie l'estime du Souverain, & lui assurèrent après sa mort un rang distingué parmi les Littérateurs. S'il n'est pas certain qu'il ait été chargé en chef du soin de la bibliothèque d'Alexandrie, comme plusieurs Écrivains modernes l'ont avancé sans preuves, on sait du moins très-positivement que Philadelphe, ainsi que son successeur Évergète, lui témoignoient la plus grande considération.

Sa reconnoissance fut au moins égale aux bienfaits. On voit dans ses hymnes, qu'il ne laissoit échapper aucune occasion de louer ceux dont il avoit reçu tant de marques de bonté. Tantôt il les met au-deſſus de tous les autres Rois; tantôt il les égale aux Dieux mêmes. Il eſt vrai que les grandes qualités de ces Princes, & l'éclat de leur règne, ſembloient autoriſer les Poëtes, qui d'ailleurs ſe voyoient particulièrement l'objet de leurs faveurs, à leur prodiguer les louanges. Mais on ne peut leur pardonner d'avoir encenſé des foibleſſes ; car, quoique les mariages inceſtueux fuſſent tolérés par les loix de la Grèce & de l'Égypte, il ſera toujours difficile d'excuſer dans le fils & le petit-fils de Lagus, la paſſion effrénée qu'ils conçurent, & à laquelle ils cédèrent l'un & l'autre en épouſant leurs propres ſœurs. Callimaque ne craignit point, ce ſemble, de mériter ce reproche, dont malheureuſement les gens de Lettres ne ſont pas toujours exempts; il n'en rougiſſoit pas même encore dans ſa vieilleſſe, à cet âge où l'on devroit naturellement être moins empreſſé de flatter les Grands, dont la faveur devient moins précieuſe à meſure que l'avenir ſe ferme devant nous. Ce fut à la fin de ſa vie qu'il compoſa ce poëme ſur la chevelure de Bérénice, dont Catulle fit dans la ſuite une traduction latine qui nous eſt parvenue, tandis que l'original s'eſt perdu.

On a peine d'abord à concilier cette conduite avec le déſintéreſſement dont il faiſoit parade; car il ſe vantoit quelquefois de n'avoir jamais vendu ſa plume, comme avoient fait ſouvent bien d'autres Poëtes, tels que Simonide. Peut-être étoit-il plus jaloux d'avoir du crédit que d'acquérir des richeſſes; peut-être le commerce des Rois fut-il en effet plus utile à ſa réputation qu'à ſa fortune. Une épigramme qui paroît lui être attribuée avec bien plus de fondement que celle dont nous avons déjà parlé, ſemble prouver qu'il vécut dans la pauvreté *(1)*. Cependant il eſt difficile de penſer que Philadelphe & ſon ſucceſſeur euſſent laiſſé dans l'indigence un homme dont ils aimoient la ſociété.

L'enjouement de ſon caractère, &

---

(1) C'eſt une épigramme où le Poëte s'adreſſe à un homme qui ſe diſoit de ſes amis, mais qui ne laiſſoit pas de lui tenir fréquemment des propos déſobligeans, & qui affectoit ſur-tout de répéter ſans ceſſe qu'il étoit pauvre.

Οἶδ' ὅτι μοι πλούτου κεναὶ χέρες, ἀλλά, Μένιππε,
μὴ λέγε, πρὸς χαρίτων, τοὐμὸν ὄνειρον ἐμοί.
Ἀλγέω τὸν διὰ παντὸς ἔπος τόδε πικρὸν ἀκούων·
ναί, φίλε, τῶν παρὰ σου τοῦτ' ἀνεραστότατον.

Je n'ai rien; mais pourquoi le répéter ſans ceſſe !
ſi tu le ſais ſi bien, je le ſais encore mieux.
Ce propos rebattu, cher Ménippe, me bleſſe;
de tes propos, ami, c'eſt le plus odieux.

ſon goût pour le plaiſir, autant qu'on peut en juger aujourd'hui, contribuèrent ainſi que ſes talens à le faire admettre dans la familiarité de ces Princes. Un diſtique fait pour être inſcrit ſur ſon tombeau, nous apprend qu'il étoit auſſi aimable convive qu'agréable verſificateur, & qu'il ſavoit placer à propos un bon mot. Soit que cette épitaphe eût été compoſée d'avance par lui-même, comme on le croit communément, ſoit qu'elle fût l'ouvrage d'un de ſes contemporains, il eſt probable que la louange qu'il y reçoit ne lui étoit point diſputée *(1)*.

---

(1) Tel eſt à peu-près le ſens de ce diſtique:

Sous ce marbre funèbre où s'adreſſent tes pas,
du neveu de Battus la cendre en paix ſommeille.
Jadis par ſes beaux vers il charmoit notre oreille,
& par ſes mots plaiſans égayoit nos repas.

Βαττιάδεω παρὰ σῆμα φέρεις πόδας, εὖ μὲν ἀοιδὴν
εἰδότος, εὖ δ' οἴνῳ καίρια συγγελάσαι.

Cependant la vie ſérieuſe & appliquée lui plut toujours davantage. Il nous reſte un fragment d'une pièce philoſophique, dans laquelle il regrettoit le temps perdu pour l'inſtruction, & ne ſe rappeloit avec ſatisfaction que les veilles qu'il avoit conſacrées à l'étude *(1)*. L'amour avoit dû l'en

---

(1) Voici ce fragment tiré du recueil de Stobée, *tit.* 81, & tel qu'on le lit avec les corrections propoſées par Bentlei :

Καὶ γὰρ ἐγὼ τὰ μὲν ὅσσα καρήατι τῆμος ἔδωκα,
  Ξάνθε, σὺν εὐόδμοις ἁβρὰ λίπη στεφάνοις,
ἄπνοα πάντ᾽ ἐγένοντο παραχρῆμ᾽. Ὅσσα τ᾽ ὀδόντων
  ἐνδόθι, νειαίρην τ᾽ εἰς ἀχάριστον ἔδυ,
καὶ τῶν οὐδὲν ἔμεινεν εἰς αὔριον. Ὅσσα δ᾽ ἀκουαῖς
  εἰσεθέμην, ἔτι μοι μοῦνα πάρεστι τάδε.

Les parfums les plus doux & les plus belles fleurs,
perdoient en un inſtant leurs charmantes odeurs.
Tous ces mets ſavoureux, dont je chargeois ma table,
ne m'ont jamais offert qu'un plaiſir peu durable,
oublié le jour même, & ſuivi de regrets.
Mais de ces jours heureux, Xanthus, & de ces veilles,
où de ſavans diſcours ont charmé mes oreilles,
il m'en reſte des fruits qui ne mourront jamais.

diſtraire pluſieurs fois. Nous ſavons qu'il étoit marié ; & comme la femme qu'il avoit épouſée étoit étrangère *(1)*, il y a lieu de croire que l'inclination ſeule avoit décidé de cet établiſſement. De plus, Ovide nous apprend que Callimaque avoit été long-temps épris d'une maîtreſſe dont il célébroit ſouvent les charmes dans ſes Écrits. De pareilles foibleſſes, que les hommes en général ſe pardonnent aiſément, deviennent quelquefois un avantage pour les Poëtes, ſur - tout lorſqu'on voit la ſenſibilité de leur ame paſſer dans leurs Écrits, & que le feu de leur génie (s'il eſt permis de parler un moment leur langage) s'allume au flambeau de l'Amour. Tel fut apparemment l'effet de cette paſſion ſur Callimaque, & ce

---

(1) C'étoit la fille d'un Syracuſain nommé Euphratès.

fut ſans doute à l'expreſſion touchante de ſes ſentimens qu'il dut ſes ſuccès dans un genre de poëſie, dont le mérite conſiſte communément à peindre les mouvemens du cœur, les plaiſirs, & plus ſouvent encore les peines des amans. Je veux parler des Élégies; Callimaque en avoit compoſé un grand nombre, dont aucune n'eſt parvenue juſqu'à nous. La plupart des auteurs anciens qui ont pu les connoître, ceux même qui paſſent encore avec raiſon pour des oracles en matière de goût, lui accordoient la ſupériorité ſur preſque tous les Poëtes qui avoient laiſſé des pièces de ce genre. Horace ne mettoit au-deſſus de lui que Mimnerme, & Quintilien le plaçoit au premier rang.

D'après toutes ces particularités, l'on pourroit penſer que ſa conduite ſe rapprochoit beaucoup de la philoſophie d'Épicure ; on a cru même pouvoir inférer de quelques-unes de ſes Épigrammes, qu'il ne croyoit point à l'immortalité de l'ame. Cependant il eſt plus probable que ſes principes, au fond, étoient les mêmes que ceux des Pythagoriciens. D'ailleurs, la nature de ſes principaux ouvrages ſemble atteſter ſon attachement à la religion de ſon pays ; la plupart rouloient ſur la fable, qui tenoit toute entière au ſyſtème théologique des anciens, & ſes hymnes ſur-tout annoncent un cœur pénétré de reſpect pour les Dieux, dont il y célèbre la puiſſance. Rarement un auteur traite avec dignité les ſujets qu'il mépriſe, & Racine incrédule n'eût jamais fait Athalie.

Une tache réelle que ſon propre témoignage imprime à ſa mémoire, c'eſt un penchant viſible à ce libertinage criminel que des exemples fameux faiſoient excuſer chez les Grecs, & dont il paroît ſe vanter lui-même dans pluſieurs épigrammes. Diſons pour le diſculper ce que Martial a dit depuis pour ſa propre défenſe, que ſa vie, peut-être, étoit plus chaſte que ſes vers, & que ſes attachemens ne paſſoient point les bornes preſcrites à l'amitié. Il faut même ajouter qu'il en eut certainement de cette eſpèce, dont la vertu la plus auſtère ne put jamais rougir. Il conſerva toute ſa vie les ſentimens d'eſtime qu'il avoit conçus pour Héraclite d'Halicarnaſſe, Poëte élégiaque, qui l'avoit reçu avec affection dans ſes voyages. Quoiqu'ils euſſent vécu dans la ſuite éloignés l'un de l'autre, quoique la rivalité de gloire eût pu naturellement affoiblir ſa reconnoiſſance, il n'en fut pas moins ſenſible à la perte de cet ami ; & nous avons encore une petite élégie qu'il composa sur la mort de son hôte. Cette pièce, trop courte pour nous mettre à portée de juger par nous-mêmes du talent de Callimaque en ce genre, porte néanmoins un caractère de sensibilité qui lui fait honneur *(1)*.

---

(1) Voici le sens, assez fidèlement rendu, de cette petite pièce, qui dans l'original n'est composée que de six vers.

Héraclite n'est plus ! Dieux, quel sujet de larmes !
hélas ! qu'est devenu ce temps si plein de charmes,
où, de nos entretiens interrompant le cours,
la nuit seul avec lui me surprenoit toujours !
Ainsi donc, loin de nous, ami fidèle & tendre,
tu n'es, depuis long-temps, qu'une insensible cendre !
Mais tu vis dans tes vers, & du Dieu ténébreux
la main qui ravit tout, ne pourra rien sur eux.

Εἶπέ τις, Ἡράκλειτε, τεὸν μόρον· ἐς δέ με δάκρυ
ἤγαγεν. Ἐμνήσθην δ' ὁσσάκις ἀμφότεροι
ἥλιον ἐν λέσχῃ κατεδύσαμεν. Ἀλλὰ σὺ μέν που,
ξεῖν' Ἁλικαρνασεῦ, τετράπαλαι σποδιή.
Αἱ δὲ τεαὶ ζώουσιν ἀηδόνες, ᾗσιν ὁ πάντων
ἁρπακτὴρ Ἀΐδης οὐκ ἐπὶ χεῖρα βαλεῖ.

Il faut convenir qu'il en agit bien différemment avec le célèbre auteur du poëme des Argonautes, Apollonius, qui de ſon diſciple & de ſon ami, devint ſon ennemi déclaré, fin trop ordinaire des liaiſons des gens de Lettres. Il ſe peut que Callimaque ſûr de ſes forces, & dédaignant une fauſſe modeſtie, lorſqu'il parloit de lui-même, ne ménageoit point aſſez l'amour-propre de ſes rivaux dans une carrière où l'émulation dégénère quelquefois en haine implacable. On voit par quelques fragmens de ſes œuvres, qu'il connoiſſoit bien ſon propre mérite. Souvent il ſe vantoit, comme nous l'avons déjà vu, d'avoir triomphé de l'envie; d'autres fois il s'annonçoit pour n'aimer & ne chercher que la gloire *(1)*. Cependant, comme

---

(1) Une de ſes maximes favorites, au rapport de pluſieurs Écrivains de l'Antiquité, étoit de dire:

un pareil langage eſt pardonnable aux Poëtes, ſur-tout quand une fois l'eſtime publique les a couronnés, & que dans d'autres momens il ſavoit, à ce qu'il ſemble, apprécier ſa juſte valeur *(1)*; on peut croire que dans cette rupture le tort fut tout entier du côté d'Apollonius. Le caractère qu'on donne à ce dernier doit nous le perſuader aiſément. La jalouſie, ſelon le témoignage des Anciens, fut ſon défaut dominant. Il ne ſeroit donc pas étonnant que cette

---

De quoi ſert le talent, s'il ne ſe fait connoître?

Μηδὲν ἐθέλω καλὸν ἔχειν ἀνάγνωστον.

Maxime qui n'étoit pas celle de Perſe, qui diſoit plus philoſophiquement :

uſque adeone
ſcire tuum nihil eſt, niſi te ſcire hoc ſciat alter?

(1) Le grand Étymologique nous a conſervé ce vers, qui ſe trouvoit dans un de ſes ouvrages.

Μηδ' ἀπ' ἐμοῦ διφᾶτε μέγα ψοφέουσαν ἀοιδήν.

N'attendez pas de moi de ces chants ſi pompeux.

passion eût banni de son cœur la reconnoissance. Blessé de l'éclat d'une réputation que la sienne ne pouvoit éclipser; plus envieux peut-être encore de la faveur des Rois qui ne le considérèrent jamais autant que son maître, il chercha bassement toutes les occasions de lui nuire. Comme l'agrément & l'élégance des ouvrages de Callimaque laissoient peu de prise à la censure, il l'attaqua du côté de l'invention & du génie. Callimaque, en homme de goût, étoit persuadé qu'il est difficile d'intéresser longtemps des lecteurs; il pensoit, comme l'a si heureusement exprimé quelque part le plus grand Poëte de nos jours, que

> le secret d'ennuyer est celui de tout dire;

& souvent il avoit à la bouche ce mot qui depuis est passé en proverbe: qu'*un grand livre est un grand mal.* En conséquence, parmi ses nombreux Écrits il s'en s'en trouvoit peu qui fussent d'une certaine étendue. Son détracteur attribua leur brièveté à la stérilité de l'imagination de l'Écrivain, affectant de débiter par-tout qu'il seroit incapable de composer des ouvrages de plus longue haleine. Callimaque ne se vengea d'abord que de la manière la plus noble, &, pour confondre un injuste Critique, il publia son poëme d'Hécale *(1)*, auquel il donna plus d'étendue qu'à tout ce qu'il avoit fait jusqu'alors. Le témoignage des Anciens qui citent fréquemment cet ouvrage, doit nous être un garant non suspect du succès qu'il eut dans sa nouveauté; mais ce triomphe qui dut venger son amour propre, ne put apparemment suffire pour calmer son cœur irrité par l'ingratitude d'un disciple

(1) Sujet tiré de la vie de Thésée. *Voy. Plut. vie de Thésée.*

qu'il s'étoit plu long-temps à former. Bientôt parut l'*Ibis*, pièce ſatyrique, où déſignant Apollonius ſous le nom de cet oiſeau dégoûtant qui ſe nourrit d'animaux venimeux, il le dévouoit à tous les ſupplices de l'enfer. Ovide imita depuis cet exemple à l'égard d'un ingrat dont il eut à ſe plaindre au temps de ſa diſgrâce, & ſon Ibis n'eſt qu'une imitation de la ſatyre que Callimaque avoit compoſée ſous ce titre. L'hiſtoire n'a point daigné nous apprendre ſi l'on vit enfin ces deux rivaux réconciliés; mais elle nous a tranſmis comme un fait ſingulier, qu'Apollonius, après ſa mort, fut mis dans le même tombeau que le Poëte dont il s'étoit tant efforcé de détruire la réputation. Ainſi furent réunis deux hommes qui n'avoient pu s'accorder pendant leur vie. Ainſi leurs violens débats aboutirent à mêler leurs cendres dans le ſein de la terre. L'équitable Poſtérité n'entre point aujourd'hui dans leur querelle, & leur départ à chacun la portion de gloire qui leur eſt dûe: tant il eſt vrai que les ſatyres perſonnelles influent peu ſur le jugement des ſiècles poſtérieurs! réflexion qu'aura faite plus d'une fois, ſans doute, quiconque étudia l'hiſtoire, ou vécut avec les hommes, mais ſur laquelle on ne peut trop, ce ſemble, inſiſter dans le ſiècle où nous vivons. Plût à Dieu qu'elle ſervît enfin à calmer les animoſités & la haine qui troublent ſi ſouvent l'empire des Lettres! & puiſſent les Écrivains ſe perſuader un jour que le véritable moyen d'obſcurcir la gloire d'un rival, eſt de ſurpaſſer réellement ſon mérite, non de décrier injuſtement ſes ouvrages!

TELS ſont, parmi les traits qu'on peut recueillir aujourd'hui concernant Callimaque, ceux qui regardent ſa perſonne & ſa vie; il me reſte à faire connoître plus particulièrement la nature de ſes productions, & à expoſer les jugemens divers qu'en ont portés les Anciens, afin de mettre les lecteurs en état de mieux apprécier ſes talens.

Également verſé dans tous les genres de Science & de Littérature, il y avoit peu de matières ſur leſquelles il n'eut laiſſé quelques Écrits, ſoit en proſe, ſoit en vers. Un Savant moderne porte le nombre des livres qu'il avoit compoſés, juſqu'à huit mille; un autre plus modéré le réduit à huit cents. Il ſemble qu'ils aient voulu, l'un après l'autre, enchérir préciſément d'un zéro ſur le véritable nombre des ouvrages de Callimaque; car Suidas, auteur digne de foi à cet égard, le fixe à quatre-vingts. On n'en trouve aujourd'hui que quarante-un de cités dans les anciens auteurs, encore y en a-t-il plusieurs qui semblent n'avoir dû former qu'un seul & même ouvrage, quoique cités sous des titres différens. De ces quarante-un ouvrages, vingt-deux étoient écrits en prose; les uns étoient historiques ou géographiques, d'autres concernoient la physique, d'autres enfin paroissent n'avoir contenu que des recherches purement littéraires. Parmi les ouvrages de poësie, il y avoit des tragédies, des comédies & des drames satyriques, des fables, des mélanges, l'Hécale & la chevelure de Bérénice, l'Ibis dont nous avons déjà parlé, les élégies, enfin les hymnes & beaucoup d'épigrammes *(1)*.

---

(1) Voici le titre & la notice de ces quarante-un ouvrages, conformément à celle qu'en a donné

Je ne dissimulerai point que la manière dont quelques Écrivains assez

---

le savant Bentlei, & qui se trouve insérée dans l'édition de M. Ernesti, *p. 416.*

1. *Des concours ou jeux publics.*

2. *Les Causes.* Il paroît, d'après les fragmens qui nous restent de cet ouvrage, que Callimaque y avoit rassemblé toutes les traditions les moins connues sur l'histoire mythologique des Dieux & des Héros. La manière dont il en est parlé dans l'Anthologie *(lib. III)* & dans une épigramme de Martial *(lib. X, epigr. 4)*, doit nous consoler de l'avoir perdu. Il étoit si obscur, que Clément d'Alexandrie *(Strom. lib. V)* le compare, ainsi que l'Ibis, au poëme de Lycophron, livre fait (ajoute-t-il) pour exercer la sagacité des Littérateurs. L'ouvrage étoit divisé en quatre livres, & écrit en vers hexamètres. L'auteur, dans le début, feignoit qu'il avoit été transporté en songe sur le mont Parnasse, & que c'étoient les Muses elles-mêmes qui lui avoient révélé tout ce qu'il devoit dire dans le cours de son poëme.

3. *Sur les colonies des Argiens.* Callimaque aimoit beaucoup les Argiens. Peut-être avoit-il voyagé

célèbres ont parlé de la plupart de ces ouvrages, paroîtroit plus propre à nous

---

dans la Grèce, & s'étoit-il fait naturaliſer à Argos. L'hymne qu'il a compoſée pour la fête des bains de Pallas, qu'on célébroit dans cette ville, ſemble favoriſer cette opinion, & prouve au moins ſon attachement à la métropole d'où les premiers fondateurs de Cyrène tiroient leur origine.

4. *Sur l'Arcadie.*

5. *Traité des Vents.*

6. *Branchus.* C'étoit une hymne en vers choriambiques, compoſée en l'honneur de Branchus, ce berger Miléſien ſi célèbre dans la fable, pour avoir été chéri d'Apollon, qui lui donna le don des oracles à Milet.

7. *Galatée.* Poëme en vers hexamètres.

8. *Glaucus.*

9. *Des noms particuliers aux différentes Nations.* On voit, par un fragment de cet ouvrage, qui ſe trouve dans Athénée *(lib. VII, pag. 329)*, que Callimaque y traitoit des manières différentes dont les diverſes nations

consoler de les avoir perdus, qu'à nous les faire regretter. Properce sembloit

---

Grecques appeloient certains pays & certains animaux.

10. *Hécale*. Poëme en vers hexamètres. Le sujet en est connu d'après Plutarque, dans la vie de Thésée....... « Pour ce qui est du conte » que l'on fait d'Hécale, & de la réception » qu'elle fit à Thésée dans sa maison, il ne » paroît pas entièrement éloigné de la vérité; » car anciennement tous les bourgs des environs » s'assembloient toutes les années pour faire à » Jupiter-Hécalien un sacrifice appelé *Hécalésien*, » & dans lequel ils honoroient particulièrement » cette Hécale, qu'ils appeloient, par un dimi- » nutif, *Hécalène*, en mémoire de ce qu'ayant » reçu chez elle Thésée encore jeune, elle le » salua & le caressa, en le nommant toujours » par des diminutifs, selon la coutume des vieilles » gens. Cette bonne femme avoit fait vœu, que si » Thésée revenoit heureusement d'une expédition » qu'il alloit entreprendre, elle feroit un sacrifice » solennel à Jupiter. Mais elle mourut avant la fin » de cette expédition; & Thésée étant de re- » tour, ordonna qu'on feroit ce sacrifice, & qu'on » y rendroit à Hécale toutes sortes d'honneurs, » en reconnoissance du bon accueil qu'elle lui

quelquefois trouver Callimaque au-dessous de son sujet dans les Poëmes

---

avoit fait, & de l'affection qu'elle lui avoit « témoignée. » *Morceau tiré de la traduction de M. Dacier.*

11. *Des Élégies.*

12. *L'espérance.*

13. *Poëme sur la victoire de Sosibe.*

14. *Épigrammes.* M. Ernesti, dans sa belle édition, en a rassemblé soixante-treize qui sont attribuées à Callimaque, mais dont il y en a plusieurs qui paroissent n'avoir pu être composées véritablement par ce Poëte.

15. *Des merveilles naturelles.* Tout ce qui se trouve dans le livre d'Antigonus-Carystius, qui porte le même titre, depuis le chap. 144 jusqu'à la fin, étoit tiré de cet ouvrage de Callimaque.

16. *Des Poëmes ïambiques & choliambiques.* Il s'y trouvoit des fables écrites dans le style des fables d'Æsope.

17. *L'Ibis.*

18. *Sur l'arrivée d'Io.*

héroïques. Ovide, comme on l'a dit plus haut, lui refusoit l'invention & ne

---

19. *Sur les différens noms donnés aux poissons.*

20. *Sur l'origine des îles & des villes, & les différens noms qu'elles ont portés.*

21. *Cydippe.* Poëme élégiaque.

22. *Des Comédies.*

23. *Des Poëmes lyriques.*

24. *Des noms des mois chez les différentes Nations.*

25. *Le Musée.* Poëme.

26. *Traité des usages singuliers des Barbares.*

27. *Des Oiseaux.*

28. *Tables des gens célèbres en différens genres de sciences, & des livres qu'ils ont écrits, divisées en 120 livres.*

29. *Tables & notice chronologique des Auteurs dramatiques depuis la naissance de l'art.*

lui accordoit que de l'art. Plusieurs Critiques anciens prétendoient que le

---

30. *Tables de Livres de tous genres.*

31. *Tables & notice des Rhéteurs.* Denys d'Halicarnasse accusoit Callimaque de n'avoir pas été exact dans cet ouvrage, sur-tout dans ce qu'il disoit de Démosthène.

32. *Tables de Loix.*

33. *Tables des écrits de Démocrite, & des mots inusités qui s'y rencontrent.*

34. *Des fleuves de la Terre.*

35. *Des fleuves de l'Europe.*

36. *Des fleuves de l'Asie.*

37. *Lettres à Praxiphanes.*

38. *Drames satyriques.*

39. *Sémélé.* Poëme.

40. *Les Hymnes.*

41. *Mémoires historiques.*

ſoin ſcrupuleux avec lequel il s'occupoit de l'emploi des mots, dégénéroit en un défaut inſupportable qu'ils nommoient *leptologie;* ſorte d'exactitude minutieuſe à marquer des nuances qui affoibliſſent les grands traits, & à exprimer des détails que le goût rejette ou que le génie néglige; c'eſt ce que lui reprochoit formellement Lucien. Un autre perſonnage, ſingulier dans ſon genre, & qui par ſes talens & ſes lumières mérita de jouer un rôle conſidérable dans un ſiècle poſtérieur à celui de Lucien, penſoit encore plus deſavantageuſement que cet Écrivain, du mérite de Callimaque; je veux parler de Sévérien de Damas, qui, au rapport de Suidas, n'avoit pu ſupporter la lecture des ouvrages de notre Poëte: dès la première fois qu'il avoit voulu les connoître, il les avoit trouvé ſi ennuyeux, qu'il avoit jeté le livre à terre, en crachant deſſus *(1)*; & c'eſt probablement d'après tous ces jugemens défavorables, que feu M. l'abbé Fourmont

---

(1) Sévérien, né à Damas vers le milieu du v.e ſiècle, étoit fils d'Auxence & petit-fils de Callinicus. Son origine, ſi l'on en croit Suidas, ſe rapportoit à une des plus anciennes familles Romaines, quoique ſes aïeux fuſſent depuis long-temps établis dans la capitale de l'Égypte. La bonne éducation qu'il avoit reçue, ſecondant la vivacité naturelle de ſon eſprit, l'avoit mis en état de briller dès ſa jeuneſſe parmi les Poëtes, les Orateurs & les Juriſconſultes. Mais l'inflexibilité de ſon caractère, & ſa tenacité dans ſes projets, lui firent ſouvent commettre des fautes d'imprudence, qui lui attirèrent pluſieurs diſgrâces pendant ſa vie. Sa première inclination l'avoit porté à l'étude de la Philoſophie; mais Auxence, qui auroit voulu que ſon fils s'attachât au Barreau, où ſes talens paroiſſoient lui promettre une réputation avantageuſe à ſa fortune, s'étant toujours oppoſé à ce deſſein, Sévérien ne put l'exécuter qu'après la mort de ſon père. Auſſitôt qu'il fut libre, il partit pour Athènes, où Proclus tenoit

n'a pas craint de parler avec mépris de Callimaque dans un de ſes Mémoires.

---

alors une école renommée. Les Philoſophes de ce ſiècle à demi-barbare avoient étrangement dénaturé la ſcience auguſte dont ils prétendoient donner des leçons. Ce n'étoient plus (comme le dit l'éloquent & ſolide Hiſtorien du bas Empire, dont on me ſaura gré de rapporter ici les termes), « ce n'étoient plus que des rêveurs mélancoliques,
» qui repaiſſoient leurs diſciples de chimères. Réduits
» à l'obſcurité, ils prétendoient être les maîtres de
» la Nature par leur commerce avec les Eſprits; ils
» ſe vantoient d'opérer des prodiges; ils s'admiroient
» mutuellement; ils écrivoient la vie & les miracles
» les uns des autres; la cabale en faiſoit des héros.
» La groſſièreté du paganiſme, entièrement cor-
» porel, ſubtiliſée par Porphyre & par Iamblique,
» s'étoit évanouie en fumée; il n'en reſtoit plus
» que les vapeurs d'une ſombre métaphyſique, qui
» tournoit la tête à d'orgueilleux, mais imbécilles
» raiſonneurs. Proclus, & ſon ſucceſſeur Marin;
» Iſidore, diſciple de tous les deux, & ſon hiſto-
» rien Damaſcius; Héraïſque, Géſius, Agapius,
» Aſclépiade, Ammonius, Erythræus s'encenſoient,

J'avoue encore que le genre des citations tirées de ses Écrits, que l'on trouve

---

se citoient sans cesse, & regardoient en pitié tous « les hommes, excepté leurs adeptes. » Quel que fût le mépris qu'une pareille secte devoit naturellement inspirer aux gens sensés, on vit néanmoins pendant assez long-temps des hommes de beaucoup d'esprit l'embrasser & la suivre avec ardeur; & Sévérien s'y seroit livré tout entier, si un songe qu'il eut à son arrivée dans Athènes ne l'en eût détourné. Il crut, pendant une nuit, se voir assis sur le sommet d'une montagne qu'il conduisoit à son gré comme un char. D'après cette vision, il se persuada qu'il étoit destiné à jouer un grand rôle dans les affaires publiques, & quitta la philosophie pour la politique. Il y porta cette dureté & cette fermeté d'ame qui furent toujours ses qualités dominantes. Plus avide de gloire qu'aucun homme d'État, il ne fit & ne dit jamais rien qui n'annonçât un cœur plein de vertu. Jamais l'amour du gain, jamais l'envie de complaire aux personnes plus puissantes que lui, ne purent l'engager à commettre une injustice, ni même à rien relâcher de la sévérité ordinaire de ses jugemens. Mais

dans les Lexiques, donne lieu de penser que son style n'étoit pas sans défaut, & sur-tout qu'il étoit sujet à l'obscurité. Quand

---

quelquefois la colère, & l'affectation de braver le crédit des gens en place, lui dictèrent des arrêts de mort trop légèrement prononcés, comme il le reconnoissoit lui-même, & qui furent cause des malheurs qu'il éprouva dans sa vie. Ennemi par nature de tout ce qui se trouvoit en faveur à la Cour, il ne put jamais s'accorder avec le fameux Aspar, ni avec son fils Ardabure, qui gouvernoient l'Empire sous le nom de Léon, & qui lui firent sentir le poids de leur haine tant qu'ils vécurent. Après la mort tragique de ces deux personnages, célèbres dans l'histoire d'Orient, & qui furent assassinés, comme on sait, par l'ordre & dans le palais du Prince qu'ils avoient eux-mêmes placé sur le thrône, la vie de Sévérien fut plus heureuse & plus tranquille, & l'on rendit plus de justice à son mérite. Le successeur de Léon en fit même tant de cas, qu'il lui promit la première dignité de l'Empire (vraisemblablement la charge de Préfet du Prétoire) s'il vouloit embrasser la religion Chrétienne.

Quand les Scholiaftes ou les Lexicographes l'appellent en témoignage, c'eft prefque toujours pour autorifer ou un terme nouveau, ou l'acception

---

Chrétienne. Damafcius, de qui Suidas avoit emprunté tous ces détails, ajoutoit, dans la vie d'Ifidore, qu'il avoit vu les Lettres que Zénon avoit écrites à Sévérien pour l'engager à cette démarche, à laquelle cet homme inflexible ne voulut jamais confentir, malgré l'appât flatteur qui lui étoit préfenté. L'hiftorien d'Ifidore ajoutoit que Sévérien, loin de fe laiffer féduire, forma des complots pour forcer l'Empereur à rétablir l'idolâtrie, peut-être même pour le déthrôner; car le détail de cette confpiration ne fe trouve point dans l'extrait que Photius nous a confervé du livre de Damafcius. On y lit feulement que Sévérien eut l'imprudence de confier fon deffein à Erménaric, l'un des fils d'Afpar, qui en inftruifit Zénon, & qu'il fut obligé de prendre la fuite pour éviter le dernier fupplice. Damafcius faifoit enfuite l'éloge le plus pompeux des connoiffances de Sévérien en matière de Littérature, & de fon talent pour écrire.

détournée d'un mot ordinaire, ou une expreſſion hardie, ou une épithète trop forte, ou une métaphore inuſitée. Mais cette conjecture, qui n'eſt peut-être pas fondée, non plus que l'arrêt de quelques Grammairiens ou de quelques Poëtes intéreſſés à rabaiſſer un rival, ne ſauroit balancer le grand nombre de témoignages avantageux qui doivent nous faire déplorer la perte des ouvrages de Callimaque.

Properce lui-même a reconnu vingt fois la ſupériorité de Callimaque dans tous les genres; & l'ingénieux Ovide n'a pu s'empêcher de témoigner ſouvent ſa reconnoiſſance pour l'Auteur auquel il devoit quelques-unes des principales beautés dont brilloient ſes productions. On n'imite guère ce qu'on eſtime peu; & nous ſavons qu'indépendamment de l'Ibis, qui n'eſt abſolument qu'une imitation du poëme de Callimaque, la plupart des traits ſaillans qui ſe trouvent dans la fable de Philémon & Baucis ſont empruntés de l'Hécale, ſans parler d'un aſſez grand nombre de vers de l'*Art d'aimer* & des *Triſtes*, qu'on reconnoît encore pour avoir été tirés des Écrits du Poëte grec. Au reſte, les Latins pouvoient ſe permettre de tranſporter dans leur langue ce qu'ils admiroient dans ſes ouvrages, puiſque pluſieurs Écrivains de ſa nation ne rougirent point de l'imiter dans la langue même dont il s'étoit ſervi. Le poëme d'Apollonius eſt rempli de vers que le maître de ce diſciple ingrat auroit pu revendiquer. Le livre de Denys Périégète, ainſi que les lettres d'Ariſtænete, ne ſont, pour ainſi dire, que des centons de Callimaque. Pluſieurs de ſes vers qui étoient paſſés en proverbe *(1)*, prouvent qu'il avoit autant de philoſophie dans l'eſprit que de juſteſſe dans l'expreſſion. L'Anthologie nous a conſervé diverſes épigrammes compoſées dans des ſiècles différens, qui montrent qu'auſſi long-temps que ſes ouvrages ſubſiſtèrent, il fut toujours regardé comme un Poëte excellent & comme un des meilleurs Littérateurs qui euſſent paru depuis la mort d'Alexandre; & près de huit cents ans après,

---

(1) Tels ſont, par exemple, ces vers :

Ὅς δ' ἑτέρῳ κακὰ τεύχει, ἑῷ κακὸν ἥπατι τεύχει.

On ſe nuit à ſoi-même en voulant nuire aux autres.

Αἰεὶ γὰρ σμικροῖς σμικρὰ διδοῦσι θεοί.

Les Dieux, à qui n'a rien, ne donnent jamais rien.

Ἐπεὶ θεὸς οὐδὲ γελάσσαι

ἀκλαυτεὶ μερόπεσσιν ὀϊζυροῖσιν ἔδωκε.

Le Ciel vend toujours cher les faveurs qu'il envoie,
& ſouvent par des pleurs nous fait payer la joie.

nous voyons que les plus doctes Grammairiens, les Critiques les plus estimés, faisoient encore leur principale occupation de l'étudier & de le bien entendre. Marianus *(1)*, entr'autres, qui vivoit sous l'empereur Anastase, avoit fait une métaphrase en vers ïambiques, de l'Hécale, des hymnes, de l'ouvrage intitulé *les Causes*, & des épigrammes. On eût dit que ce Littérateur illustre pressentant le sort que devoient éprouver bientôt les productions d'un auteur qu'il aimoit, s'efforçoit de les conserver à la postérité. En effet, peu de temps après, la barbarie des Arabes détruisit dans Alexandrie le fameux monument que les Ptolémées y avoient élevé à la

(1) Homme de Lettres & d'État, fils d'un Jurisconsulte, & qui devint Préfet de Rome, ensuite Patrice, sous le règne d'Anastase. *Suid. voc.* Μαριανὸς.

gloire des Lettres & des Sciences. Les œuvres de Callimaque périrent avec la ſuperbe Bibliothèque dont elles avoient été pendant pluſieurs ſiècles un des plus riches ornemens. Il échappa de ce naufrage quelques épigrammes recueillies dans l'Anthologie, & les hymnes dont je préſente aujourd'hui la traduction au Public. De tous ſes autres Écrits, nous n'avons que des fragmens épars, qui ne peuvent ſervir tout au plus qu'à donner une idée du ſujet que l'Auteur traitoit dans chaque ouvrage, comme on le voit par la notice qu'en a donnée le célèbre Bentlei.

Les Savans modernes, à la renaiſſance des Lettres, recueillirent avidement ces précieux reſtes d'un Auteur autrefois ſi vanté ; & la ſeule production de ce beau génie, que le ſort eût laiſſé parvenir juſqu'à eux, ne leur parut point démentir les éloges dont les ſiècles paſſés l'avoient jugé digne. Les éditions différentes qu'on en donna ſucceſſivement dans le XVe & le XVIe ſiècle, & qu'on dut aux ſoins des Laſcaris, des Aldes, des Frobens, des Vaſcoſans, des Étiennes & des Friſchlins, prouvèrent le cas qu'en faiſoient les premiers reſtaurateurs de l'Antiquité. Leur exemple fut ſuivi dans la ſuite par Mme Dacier, par Vulcanius, par Grœvius & par le laborieux Spanheim, qui conſacra ſa jeuneſſe à travailler ſur ce Poëte pour lequel il avoit une eſtime particulière. Les deux éditions qu'on en a faites de nos jours en Angleterre, ſemblent annoncer qu'il eſt plus connu chez les étrangers que parmi nous; & récemment encore M. Erneſti, l'un des principaux ornemens de la république des Lettres en Allemagne, vient de le faire réimprimer avec un ſoin dont lui ſeul peut-être étoit capable, en y joignant des notes qui ne laiſſent plus rien à deſirer pour la parfaite intelligence de cet Auteur. C'eſt en profitant avec reconnoiſſance de ſes heureux travaux, que je donne aujourd'hui cette nouvelle édition, où le texte grec paroît pour la première fois avec une verſion françoiſe, accompagnée de notes & de quelques additions, dont je vais rendre compte en peu de mots; car il eſt temps de finir ce Diſcours préliminaire, qui n'eſt peut-être déjà que trop long.

JE donne donc ici le texte, comme je viens de le dire, conformément aux leçons qu'a ſuivies M. Erneſti, & qui ſont tirées des Manuſcrits les plus authentiques. Si je me ſuis permis d'y changer quelque choſe, ce n'a jamais été que pour adopter certaines corrections qu'il a propoſées dans ſes notes, ſoit d'après ſes propres lumières, ſoit d'après celles du célèbre M. Ruhnckenius, à qui lui-même reconnoît devoir une partie des remarques ingénieuſes dont ſon édition eſt enrichie. Quoique pluſieurs de ces corrections ne ſoient autoriſées par aucun Manuſcrit, elles ſont ſi néceſſaires & ſi heureuſes, que je ne puis craindre de m'être égaré en ſuivant de pareils guides.

Quant à la verſion françoiſe, j'ai tâché d'y rendre avec fidélité le ſens, & même, autant que je l'ai pu, les mots de l'original; non que j'aie voulu toujours ſacrifier l'agrément à l'exactitude. J'avoue, au contraire, que je me ſuis efforcé de rendre ma traduction auſſi propre à donner une idée favorable du Poëte aux Lecteurs françois, qu'à faciliter l'intelligence du texte aux amateurs de la langue grecque : j'ose ajouter que je crois y avoir réussi quelquefois, c'est au Public à juger si je ne me suis point abusé. Toutes les fois que le desir de plaire m'a forcé de m'éloigner un peu du texte, j'ai pris soin d'en avertir dans mes remarques. A l'égard des notes d'érudition, je pense n'en avoir omis aucune de celles qui pouvoient être nécessaires, mais en même-temps je me suis fait une loi de ne répéter rien de ce qu'on trouve dans les Dictionnaires mythologiques qui sont entre les mains de tout le monde ; on ne doit donc chercher ici que l'explication des traits les moins connus de la fable : un plus grand détail eût grossi ce volume, sans offrir rien de neuf aux Lecteurs.

Au ſurplus, ſi cet Ouvrage attire l'attention du Public, & que les notes ne paroiſſent point ſuffiſantes, il ſera facile d'y ſuppléer dans une autre édition. Celle-ci a certainement un mérite ſur lequel je puis inſiſter, parce qu'il ne m'appartient en aucune manière; c'eſt celui de la partie typographique *(1)*.

---

(1) Une différence aſſez ſenſible diſtinguera cette édition de toutes celles qu'on avoit données précédemment; c'eſt la ſuppreſſion des lettres majuſcules qu'on met ordinairement au commencement de chaque vers. Cet uſage, dont en général je n'ai jamais compris l'utilité, m'a paru, en particulier, cauſer deux inconvéniens réels dans la lecture des hymnes de Callimaque. D'abord il multiplie ces lettres majuſcules, dont l'effet n'eſt point agréable à la vue, & dont le nombre néceſſaire n'eſt déjà que trop grand, eu égard à la quantité de noms propres qui s'y rencontrent, & qu'on ne peut s'empêcher de caractériſer par cette marque. Et d'ailleurs comme on trouve dans le grec, plus fréquemment que dans toute autre

Qu'il me ſoit permis de témoigner ici ma ſatisfaction de l'intelligence avec laquelle on a rempli mes deſirs à cet égard à l'Imprimerie Royale. Si l'on ne connoiſſoit depuis long-temps tout le prix des Livres qui ſortent de cette Preſſe, je dirois que celui-ci doit peut-être avoir place dans la bibliothèque des curieux, pour la beauté de l'exécution, quoiqu'elle n'ait point

---

langue, des noms ſignificatifs, il arrive quelquefois que la lettre majuſcule au commencement du vers, met le lecteur dans l'embarras de ſavoir ſi le premier mot eſt un nom propre ou un ſubſtantif. L'uſage nouveau que j'ai pris ſur moi d'introduire ici, diminue certainement ces deux inconvéniens. Je l'ai haſardé avec d'autant plus de confiance, que je l'ai vu adopté par un Littérateur habile, à qui les amateurs de la langue grecque devront bientôt une éternelle reconnoiſſance. Je veux parler de M. Brunck, qui prépare une ſuperbe édition de l'Anthologie grecque, dont il a déjà fait paſſer deux volumes à M. de Foncemagne : c'eſt un

d'ornemens ſuperflus. Elle eût ſans doute été parfaite ſi j'avois pu toujours profiter de la complaiſance que M. Béjot a eue de revoir quelquefois les épreuves ; (car je ne puis m'empêcher également de payer ce foible tribut de ma reconnoiſſance à un Confrère auſſi recommandable par les qualités de ſon cœur que par ſes lumières & par ſon zèle pour tout ce

---

hommage que le ſavant Éditeur a cru devoir à cet illuſtre Académicien, qui lui a généreuſement communiqué les notes qu'il avoit raſſemblées autrefois ſur les épigrammes grecques. M. de Foncemagne, qui m'accorde depuis long-temps une amitié dont je chercherai toujours à me vanter, parce qu'elle doit faire autant d'honneur à mon caractère qu'elle eſt chère à mon cœur, a bien voulu me ſacrifier ces prémices de l'ouvrage de M. Brunck, dans lequel le texte grec des hymnes de Callimaque ſe trouve inſéré, avec beaucoup d'autres pièces héroïques, ſous le titre d'*ANALECTA GRÆCA.*

qui peut contribuer à la gloire des Lettres) mais si par ma négligence il s'est glissé dans le texte quelques fautes, je me flatte qu'elles sont en petit nombre.

Immédiatement après l'hymne en l'honneur de Cérès, on trouvera la traduction d'un endroit du VII.e livre des Métamorphoses, où Ovide a traité le même sujet de fable que Callimaque avoit traité dans son hymne. Cette traduction est suivie d'une petite dissertation dans laquelle j'examine quel est celui des deux récits qui mérite la préférence. Je ne dissimulerai point que l'idée de comparer ces deux morceaux ne m'appartient point. Le fameux Scaliger, dans sa Poëtique, avoit déjà mis ces deux rivaux en présence; & l'arrêt sévère qu'il a prononcé contre le Poëte grec, en faveur du Poëte latin, a excité la réclamation du ſavant Moderne dont j'ai déjà parlé avec les éloges qui lui ſont dûs *(1)*. Mais ſi j'ai ſenti une véritable ſatisfaction de me voir appuyé de ſon autorité quand j'oſois lutter contre celle de Scaliger, je n'ai pu adopter la plupart des raiſons qu'il emploie pour la combattre; & celles dont je me ſuis ſervi n'ont, pour ainſi dire, rien de commun avec ſes motifs, ſi ce n'eſt l'ordre dans lequel je les ai propoſées. Un pareil examen de tous les morceaux du même genre qu'ont traités des Auteurs différens, s'il étoit fait par des

---

(1) La Diſſertation dans laquelle M. Erneſti diſcute le jugement de Scaliger, eſt intitulée: *EXCURSUS AD HYMNUM IN CEREREM, v. 26, ſeqq. de Luco Cereris, & Ereſichtone Callimachio & Ovidiano;* elle ſe trouve au premier tome de ſon édition, *p. 262.*

Écrivains d'un goût ſûr & délicat, contribueroit certainement à former celui des jeunes gens : les réflexions que je haſarde aujourd'hui, ne ſerviront peut-être qu'à me donner occaſion de réformer le mien.

HYMNES

DE CALLIMAQUE

DE CYRÈNE.

ΚΑΛΛΙΜΑΧΟΥ
ΚΥΡΗΝΑΙΟΥ
ΥΜΝΟΙ.

I.
ΕΙΣ ΤΟΝ ΔΙΑ.

ΖΗΝΟ'Σ ἔοι τί κεν ἄλλο παρὰ σπονδῇσιν ἀείδειν
λώϊον, ἢ θεὸν αὐτὸν, ἀεὶ μέγαν, αἰὲν ἄνακτα,
πηλογόνων ἐλατῆρα, δικασπόλον οὐρανίδῃσι;

Πῶς καί νιν, ΔΙΚΤΑΙΟΝ ἀείσομεν, ἠὲ ΛΥΚΑΙΟΝ;
Ἐν δοιῇ μάλα θυμός· ἐπεὶ γένος ἀμφήριστον.
Ζεῦ, σὲ μὲν Ἰδαίοισιν ἐν οὔρεσι φασὶ γενέσθαι,
Ζεῦ, σὲ δ' ἐν Ἀρκαδίῃ· πότεροι, πάτερ, ἐψεύσαντο;

---

(1) Montagne de Crète.

(2) Petite montagne d'Arcadie, qui faisoit partie du mont Parrhasius.

HYMNES DE CALLIMAQUE DE CYRÈNE.

HYMNE PREMIÈRE.

EN L'HONNEUR DE JUPITER.

TANDIS qu'on offre des libations à Jupiter, quel plus digne objet de nos chants que ce Dieu même, toujours grand, toujours roi, qui dompta les Titans & qui donne des loix à l'Olympe !

Mais ſous quel nom l'invoquerai-je ! eſt-il le dieu de DICTÉ *(1)* ! eſt-il le dieu du LYCÉE *(2)* ! j'héſite, puiſqu'enfin le lieu de ſa naiſſance eſt conteſté. O Jupiter, l'un veut que la Crète, l'autre que l'Arcadie ait été ton berceau ! Grand Dieu, qui des deux en impoſe !... Mais toujours le Crétois fut menteur : le

Crétois osa bien, Dieu puissant, t'élever un tombeau, à toi qui n'as pu mourir, à toi qui es éternel. Oui, ce fut sur le mont Parrhasius, dans le plus épais de ses bois, que Rhée te donna la naissance; bois devenu sacré dès cet instant; bois dont jamais femme, dont jamais animal sujet aux travaux de Lucine (1) n'ose approcher, & que les Apidans (2) appellent la couche antique de Rhée.

Oui, ce fut-là que ta mère, soulagée de son divin fardeau, chercha le canal d'une onde pure, pour se purifier & pour laver ton corps. Mais le majestueux Ladon, mais le limpide Érymanthe ne couloient point encore, & l'Arcadie étoit encore aride. Un jour elle devoit être célèbre par ses fleuves; mais au moment où Rhée détacha sa ceinture (3), des chênes sans nombre s'élevoient sur le terrein où coule aujourd'hui l'Iaon; des chars pesans rouloient sur le lit du Mélas; le Carnion, en dépit de ses eaux, entendoit les animaux féroces creuser leur tanière sur sa tête; & le voyageur altéré,

(1) C'est-à-dire les femelles d'animaux.

(2) Ancien nom des premiers habitans de l'Arcadie.

Κρῆτες ἀεὶ ψεῦσται· καὶ γὰρ τάφον, ὦ ἄνα, σεῖο
Κρῆτες ἐτεκτήναντο. Σὺ δ' οὐ θάνες· ἐσσὶ γὰρ αἰεί.
Ἐν δέ σε Παῤῥασίῳ Ῥείη τέκεν, ἧχι μάλιστα
ἔσκεν ὄρος θάμνοισι περισκεπές· ἔνθεν ὁ χῶρος
ἱερός· οὐδέ τι μιν κεχρημένον Εἰλειθυίης
ἑρπετὸν, οὐδὲ γυνὴ ἐπιμίσγεται· ἀλλά ἑ Ῥείης
ὠγύγιον καλέουσι λεχώϊον Ἀπιδανῆες.

Ἔνθα σ' ἐπεὶ μήτηρ μεγάλων ἀπεθήκατο κόλπων,
αὐτίκα δίζητο ῥόον ὕδατος, ᾧ κε τόκοιο
λύματα χυτλώσαιτο, τεὸν δ' ἐνὶ χρῶτα λοέσσαι.
Λάδων ἀλλ' οὔπω μέγας ἔῤῥεεν, οὐδ' Ἐρύμανθος
λευκότατος ποταμῶν. Ἔτι δ' ἄβροχος ἦεν ἅπασα
Ἀρκαδίη· (μέλλεν δὲ μάλ' εὔυδρος καλέεσθαι
αὖτις) ἐπεὶ τημόσδε, Ῥέη ὅτ' ἐλύσατο μίτρην,
ἦ πολλὰς ἐφύπερθε σαρωνίδας ὑγρὸς Ἰάων
ἤειρεν, πολλὰς δὲ Μέλας ὤχησεν ἁμάξας,
πολλὰ δὲ Καρνίωνος ἄνω, διεροῦ περ ἐόντος,

---

(3) Façon de parler dont les Grecs se servoient également pour exprimer ou le sacrifice de la virginité des filles, ou l'accouchement des femmes. J'ai cru devoir la transporter dans notre langue.

ἰλυοὺς ἐβάλοντο κινώπετα· νίσσετο δ' ἀνὴρ
πεζὸς ὑπὲρ Κρᾶθίν τε, πολύστειόν τε Μετώπην
διψαλέος· τὸ δὲ πολλὸν ὕδωρ ὑπὸ ποσσὶν ἔκειτο.

Καί ῥ' ὑπ' ἀμηχανίης σχομένη φάτο πότνια Ῥείη·
« Γαῖα φίλη, τέκε καὶ σύ· τεαὶ δ' ὠδῖνες ἐλαφραί. »
Εἶπε, καὶ ἀντανύσασα θεὰ μέγαν ὑψόθι πῆχυν,
πλῆξεν ὄρος σκήπτρῳ· τὸ δέ οἱ δίχα πουλὺ διέστη,
ἐκ δ' ἔχεεν μέγα χεῦμα. Τόθι χρόα φαιδρύνασα,
Ὦνα, τεὸν σπείρωσε, Νέδη δέ σ' ἔδωκε κομίσσαι
κευθμῶν' ἐς Κρηταῖον, ἵνα κρύφα παιδεύοιο,
πρεσβυτάτη Νυμφέων, αἵ μιν τότε μαιώσαντο,
πρωτίστη γενεῇφι, μετὰ Στύγα τε, Φιλύρην τε.
Οὐδ' ἁλίην ἀπέτισε θεὴ χάριν· ἀλλὰ τὸ χεῦμα
κεῖνο Νέδην ὀνόμηνε· τὸ μέν ποθι πουλὺ, κατ' αὐτὸ
Καυκώνων πτολίεθρον, ὃ Λέπρειον πεφάτισται,
συμφέρεται Νηρῆϊ· παλαιότατον δέ μιν ὕδωρ
υἱωνοὶ πίνουσι Λυκαονίης ἄρκτοιο.

---

(1) Il y avoit effectivement en Arcadie un fleuve appelé Néda.

(2) L'expression du texte est plus poëtique; mot à mot,

marchant ſans le ſavoir au-deſſus du Crathis ou du ſablonneux Métope, brûloit de ſoif, tandis que des ſources abondantes étoient ſous ſes pieds.

Dans ſon cruel embarras la Déeſſe s'écria: Terre, enfante à ton tour; tendre mère, tes enfantemens ſont faciles. Elle dit, &, levant ſon bras puiſſant, frappa le mont de ſon ſceptre. Le roc s'ouvre, & vomit l'onde à grands flots. Auſſitôt ta mère, roi des Dieux, lava ton corps, t'enveloppa de langes, & chargea Néda de te porter dans les antres de Crète, pour t'y faire élever ſecrètement; Néda, de toutes les Nymphes qui l'aſſiſtoient alors, la plus âgée après Styx & Philyre, la plus chère à ſon cœur; Néda, de qui le zèle ne fut point ſans récompenſe, puiſque la Déeſſe donna le nom de ſa Nymphe à ce fleuve *(1)*, le plus antique des fleuves où ſe deſaltèrent les neveux de Lycaon *(2)*, & qui va, près du ſéjour des Caucons *(3)*, ſe réunir à Nérée.

---

les neveux de l'ourſe Lycaonienne, c'eſt-à-dire les deſcendans de Calliſto, fille de Lycaon.

(3) C'eſt-à-dire près de Léprée, capitale d'un canton de l'Élide qui étoit habité par les Caucons.

A peine, o Jupiter, Néda sortoit de Théne *(1)*, & s'approchoit de Gnossus *(2)*, que ton cordon ombilical tomba. C'est de-là que les Cydoniens ont nommé cet endroit la plaine Ombilicale *(3)*. Les sœurs des Corybantes, les nymphes de Dicté te reçurent dans leurs bras, & te mirent dans un berceau d'or, où Adrastée te provoquoit au sommeil. Là tu te nourris du lait abondant de la chèvre Amalthée, & des rayons du miel le plus doux, que l'abeille Panacris travailla soudain sur ces rochers de l'Ida qu'on appelle de son nom *(4)*. Les Curètes figurèrent autour de toi les pas compliqués de la Pyrrhique *(5)*, en frappant

---

(1) Ville de Crète peu célèbre dans l'histoire.

(2) Autre ville de Crète, appelée d'abord Cœratus, du nom d'un fleuve qui la traversoit, & devenue fameuse dans la suite pour avoir été le siége de l'empire du premier Minos. C'étoit dans cette ville que se voyoit le tombeau de Jupiter, dont Callimaque fait mention au commencement de son hymne, & le labyrinthe dont les Poëtes ont si souvent parlé.

(3) J'avois d'abord été tenté de supprimer cette phrase dans ma version, & de la rejeter dans une note, comme ne pouvant être tournée d'une manière

Εὖτε Θενὰς ἀπέλειπεν, ἐπὶ Κνωσοῖο φέρουσα,
Ζεῦ πάτερ, ἡ Νύμφη σε, (Θεναὶ δ' ἔσαν ἐγγύθι Κνωσοῦ)
τουτάκι τοι πέσε, δαῖμον, ἀπ' ὀμφαλός· ἔνθεν ἐκεῖνο
Ὀμφάλιον μετέπειτα πέδον καλέουσι Κύδωνες.
Ζεῦ, σὲ δὲ Κυρβάντων ἑτάραι προσεπηχύναντο
Δικταῖαι Μελίαι· σὲ δ' ἐκοίμισεν Ἀδρήστεια
λίκνῳ ἐνὶ χρυσέῳ. Σὺ δ' ἐθήσαο πίονα μαζὸν
αἰγὸς Ἀμαλθείης, ἐπὶ δὲ γλυκὺ κηρίον ἔβρως·
γέντο γὰρ ἐξαπιναῖα Πανακρίδος ἔργα μελίσσης
Ἰδαίοις ἐν ὄρεσσι, τά τε κλείουσι Πάνακρα.
Οὖλα δὲ Κούρητές σε περὶ πρύλιν ὠρχήσαντο

---

agréable; mais comme elle exprime une particularité mythologique, je me ſuis déterminé à la conſerver. Le deſir d'être exact ſera mon excuſe.

(4) Callimaque eſt peut-être le ſeul Mythologue qui faſſe mention de cette abeille Panacris. Peut-être auſſi ce nom, qui en grec ſignifie *habitante ſur la cime la plus élevée*, devroit-il être pris pour une épithète plutôt que pour un nom propre. Quant aux roches que le Poëte dit avoir porté le nom de *Panacrées*, il y avoit effectivement une partie de l'Ida qu'on appeloit ainſi.

(5) Je me ſuis ſervi de cette périphraſe pour mieux rendre la force des mots οὖλα ὠρχήσαντο, mal entendus juſqu'ici par tous les interprètes de Callimaque, & dont M. Erneſti

τεύχεα πεπλήγοντες, ἵνα Κρόνος οὔασιν ἠχὴν
ἀσπίδος εἰσαΐοι, καὶ μὴ σέο κουρίζοντος.

Καλὰ μὲν ἠέξευ, καλὰ δ' ἔτραφες, οὐράνιε Ζεῦ.
Ὀξὺ δ' ἀνήβησας, ταχινοὶ δέ τοι ἦλθον ἴουλοι.
Ἀλλ' ἔτι παιδνὸς ἐὼν ἐφράσσαο πάντα τέλεια.
Τῷ τοι καὶ γνωτοὶ, προτερηγενέες περ ἐόντες,
οὐρανὸν οὐκ ἐμέγηραν ἔχειν ἐπιδαίσιον οἶκον.

Δηναιοὶ δ' οὐ πάμπαν ἀληθέες ἦσαν ἀοιδοί.
Φάντο πάλιν Κρονίδῃσι διὰ τρίχα δώματα νεῖμαι·
τίς δέ κ' ἐπ' Οὐλύμπῳ τε καὶ Ἄϊδι κλῆρον ἐρύσσαι,
ὃς μάλα μὴ νενίηλος; Ἐπ' ἰσαίῃ γὰρ ἔοικε
πήλασθαι· τὰ δὲ τόσσον ὅσον διὰ πλεῖστον ἔχουσι.
Ψευδοίμην ἀΐοντος ἅ κεν πεπίθοιεν ἀκουήν.
Οὔ σε θεῶν ἐσσῆνα πάλοι θέσαν· ἔργα δὲ χειρῶν,
σή τε βίη, τό τε Κάρτος, ὃ καὶ πέλας εἵσαο δίφρου.

---

paroît avoir saisi le véritable sens en les rendant par ceux-ci, *varios orbes implicantes ;* explication qui s'accorde parfaitement avec la description qu'Apulée fait de la Pyrrhique. *Græcanicam saltantes Pyrrhicam, dispositis ordinationibus decoros ambitus inerrabant, nunc in orbe rotarum flexuosi, nunc in obliquam seriem flexuosi.* Apul. lib. x.

ſur leurs armes; & le ſon de leurs boucliers étouffant le bruit de tes cris, parvint ſeul aux oreilles de Saturne.

Ainſi, Dieu du ciel, vit-on croître, ainſi vit-on s'élever ton enfance. Bientôt vinrent les jours de ta jeuneſſe, & le duvet ombragea ton menton; mais, dès l'enfance, ton eſprit étoit déjà mûr. Auſſi tes frères, quoique tes aînés, t'ont-ils cédé l'Olympe ſans oſer te l'envier.

Poëtes menſongers, en vain avez-vous dit jadis que le ſort diſtribua les empires aux trois fils de Saturne. Quel eſt donc l'inſenſé qui dans la même balance mettroit l'Olympe & les enfers! Quand les partages ſont égaux, le ſort en peut être l'arbitre; mais, entre ces deux empires, il y a trop d'inégalité. Lorſqu'on ment, au moins faut-il être croyable. Non, grand Dieu, non, ce ne fut point le ſort qui te fit roi des Dieux; ce furent tes exploits, ta valeur, & la Force *(1)* que tu plaças au pied de ton thrône. Tu chargeas auſſi le Prince des oiſeaux

---

(1) On ſait que les Poëtes avoient perſonifié la Force & la Violence.

d'annoncer tes augures: puisses-tu n'en envoyer que d'heureux à mes amis!

O Jupiter, tu t'es réservé l'élite des mortels! Ce ne sont ni les nochers, ni les guerriers, ni les poëtes: tu laisses à des Dieux inférieurs le soin de les protéger; mais ce sont les Rois eux-mêmes, les Rois, qui tiennent sous leur main le laboureur, le guerrier, le matelot, tout enfin; car est-il rien qui n'obéisse à son Roi? Qu'à Vulcain donc soit consacré le forgeron, à Diane le chasseur, à Mars le soldat, à Phœbus le chanteur; à Jupiter appartiennent les Rois. Rien n'est plus saint que les Rois, aussi toi-même en as fait ton partage. Tu leur as confié la garde des villes; mais, du haut des citadelles, tu veilles sur ceux d'entre eux qui dirigent ou détournent les voies de la justice. Tu leur accordes à tous les richesses & l'opulence, mais avec inégalité: témoin mon Roi, qui l'emporte de si loin sur les autres. Il accomplit le soir ses projets du matin; le soir les plus vastes, les moindres aussitôt qu'il les forme: tandis que pour remplir les leurs, il faut au reste des Rois une année, souvent

Θήκαο δ' οἰωνῶν μέγ' ὑπείροχον ἀγγελιώτην
σῶν τεράων, ἅτ' ἐμοῖσι φίλοις ἐνδέξια φαίνοις.

Εἵλεο δ' αἰζηῶν ὅ τι φέρτατον. Οὐ σύ γε νηῶν
ἐμπεράμους, οὐκ ἄνδρα σακέσπαλον, οὐ μὲν ἀοιδόν.
Ἀλλὰ τὰ μὲν μακάρεσσιν ὀλίζοσιν ἀντιπαρῆκας,
ἄλλα μέλειν ἑτέροισι. Σὺ δ' ἐξέλεο πτολιάρχους
αὐτοὺς, ὧν ὑπὸ χεῖρα γεωμόρος, ὧν ἴδρις αἰχμῆς,
ὧν ἐρέτης, ὧν πάντα· τί δ' οὐ κρατέοντος ὑπ' ἰσχύν;
Αὐτίκα χαλκῆας μὲν ὑδείομεν Ἡφαίστοιο,
τευχηστὰς δ' Ἄρηος, ἐπακτῆρας δὲ Χιτώνης
Ἀρτέμιδος, Φοίβου δὲ, λύρης εὖ εἰδότας οἴμους·
ἐκ δὲ Διὸς βασιλῆες· ἐπεὶ Διὸς οὐδὲν ἀνάκτων
θειότερον· τῷ καί σφε τεὴν ἐκρίναο λῆξιν.
Δῶκας δὲ πτολίεθρα φυλασσέμεν· ἵζεο δ' αὐτὸς
ἄκρῃς ἐν πολίεσσιν, ἐπόψιος οἵ τε δίκῃσι
λαὸν ὑπὸ σκολιῇς, οἵ τ' ἔμπαλιν ἰθύνουσιν.
Ἐν δὲ ῥυηφενίην ἔβαλές σφισιν, ἐν δ' ἅλις ὄλβον·
πᾶσι μὲν, οὐ μάλα δ' ἶσον· ἔοικε δὲ τεκμήρασθαι
ἡμετέρῳ μεδέοντι· περὶ πρὸ γὰρ εὐρὺ βέβηκεν.
Ἑσπέριος κεῖνός γε τελεῖ τά κεν ἦρι νοήσῃ·

ἑσπέριος τὰ μέγιστα, τὰ μείονα δ' εὖτε νοήσῃ·
οἱ δὲ, τὰ μὲν πλειῶνι· τὰ δ' οὐχ ἑνί· τῶν δ' ἀπὸ πάμπαν
αὐτὸς ἄνην ἐκόλουσας, ἐνέκλασας δὲ μενοινήν.

Χαῖρε μέγα, Κρονίδη πανυπέρτατε, δῶτορ ἐάων,
δῶτορ ἀπημονίης. Τεὰ δ' ἔργματα τίς κεν ἀείδοι;
Οὐ γένετ', οὐκ ἔσται· τίς κεν Διὸς ἔργματ' ἀείσει;

Χαῖρε, πάτερ, χαῖρ' αὖθι· δίδου δ' ἀρετήν τ' ἄφενός τε.
Οὔτ' ἀρετῆς ἄτερ ὄλβος ἐπίσταται ἄνδρας ἀέξειν,
οὔτ' ἀρετὴ ἀφένοιο. Δίδου δ' ἀρετήν τε καὶ ὄλβον.

---

(1) Magnifique éloge du roi Ptolomée-Philadelphe, mais dont la traduction ne peut faire ſentir toute la beauté. Rien n'égale la force, la conciſion, la netteté & l'harmonie de l'expreſſion grecque. Il n'y a peut-être point de plus beaux

plus *(1)*: & combien de fois encore n'as-tu pas confondu leurs deſſeins & rompu leur effort!

Salut, puiſſant fils de Saturne, diſpenſateur des biens & du bonheur! Où eſt-il celui qui pourra chanter tes ouvrages? il ne fut, il ne ſera jamais. Eh! qui pourroit chanter les ouvrages de Jupiter?

Salut, o père des Dieux, ſalut. Donnes-nous la richeſſe & la vertu. L'opulence ne peut rien ſans la vertu, ni la vertu ſans l'opulence; donnes-nous donc, o grand Dieu, & richeſſe & vertu.

---

vers dans Homère que les quatre qui finiſſent cet éloge. Je ſens combien ma verſion, en comparaiſon, eſt foible, obſcure & languiſſante; mais je n'ai pu faire mieux.

HYMNE SECONDE.

SUR LES BAINS DE PALLAS.

MINISTRES des bains de Pallas, ſortez toutes, ſortez ; j'entends hennir *(1)* les cavales ſacrées, & la Déeſſe paroît. Accourez, blondes filles des Pélaſges, accourez. Jamais l'auguſte Pallas, avant d'eſſuyer les flancs poudreux de ſes courſiers, n'eſt entrée dans le bain ; pas même au jour où revenant de combattre les fils inſolens de la Terre, elle rapporta ſes armes ſouillées de leur ſang : mais ſon premier ſoin, en dételant les chevaux de ſon char, fut d'eſſuyer l'écume épaiſſie ſur leur bouche mutine *(2)*, & de laver leur ſueur dans les flots.

---

(1) L'expreſſion grecque, en cet endroit, eſt auſſi pleine & auſſi harmonieuſe que l'expreſſion françoiſe eſt sèche & dure :

. . . . . Τᾶν ἵππων ἄρτι φρυασσομέναν
Τᾶν ἱερᾶν ἐσάκουσα.

La terminaiſon même des génitifs en *αν*, qui eſt du dialecte Dorique, paroît avoir quelque choſe de majeſtueux que n'auroit pas la terminaiſon en *ων* du dialecte commun. Il en eſt de même de tout le début de cette hymne, je pourrois dire même de l'hymne entière.

I I.

ΕΙΣ ΛΟΥΤΡΑ ΤΗΣ ΠΑΛΛΑΔΟΣ.

ὍΣΣΑΙ λωτροχόοι τᾶς Παλλάδος, ἔξιτε πᾶσαι,
ἔξιτε· τᾶν ἵππων ἄρτι φρυασσομέναν
τᾶν ἱερᾶν ἐσάκουσα, καὶ ἁ θεὸς εὔτυκος ἕρπει.
Σοῦσθέ νυν, ὦ ξανθαὶ, σοῦσθε, Πελασγιάδες.
Οὔ ποκ' Ἀθαναία μεγάλως ἀπενίψατο πάχεις,
πρὶν κόνιν ἱππείαν ἐξελάσαι λαγόνων·
Οὐδ' ὄκα δὴ, λύθρῳ πεπαλαγμένα πάντα φέροισα
τεύχεα, τῶν ἀδίκων ἦνθ' ἀπὸ γηγενέων.
Ἀλλὰ πολὺ πράτιστον ὑφ' ἅρματος αὐχένας ἵππων
λυσαμένα, παγαῖς ἔκλυσεν Ὠκεανῷ
ἱδρῶ καὶ ῥαθάμιγγας· ἐφοίβασεν δὲ παγέντα
πάντα χαλινοφάγων ἀφρὸν ἀπὸ στομάτων.

J'invite les amateurs de la poësie grecque à la lire avec attention : je crois qu'il seroit difficile de trouver de plus beaux vers.

(2) Certes cette épithète n'approche, ni pour l'expression, ni pour l'harmonie, de celle qui est dans le texte, χαλινόφαγων, *rongefreins*. J'avoue qu'en traduisant les poëtes Grecs, je serois quelquefois tenté de prendre la liberté que Ronsard se donnoit, de créer, à leur imitation, des épithètes composées.

Ὦ ἴτ' Ἀχαιϊάδες· καὶ μὴ μύρα μηδ' ἀλαβάστρως,
(συρίγγων ἀΐω φθόγγον ὑπαξονίων)
μὴ μύρα, λωτροχόοι, τᾷ Παλλάδι, μηδ' ἀλαβάστρως
(οὐ γὰρ Ἀθαναία χρίματα μικτὰ φιλεῖ)
οἴσετε, μηδὲ κάτοπτρον· ἀεὶ καλὸν ὄμμα τὸ τήνας.
Οὐδ' ὄκα τὰν Ἴδᾳ Φρὺξ ἐδίκαζεν ἔριν,
οὐδ' ἐς ὀρείχαλκον μεγάλα θεός, οὐδὲ Σιμοῦντος
ἔβλεψεν δίναν ἐς διαφαινομέναν.
Οὐδ' Ἥρα. Κύπρις δὲ διαυγέα χαλκὸν ἑλοῖσα,
πολλάκι τὰν αὐτὰν δὶς μετέθηκε κόμαν.
Ἁ δὲ, δὶς ἑξήκοντα διαθρέξασα διαύλως,
οἷα παρ' Εὐρώτᾳ τοὶ Λακεδαιμόνιοι
ἀστέρες, ἐμπεράμως ἐτρίψατο λιτὰ λαβοῖσα
χρίματα, τᾶς ἰδίας ἔκγονα φυταλιᾶς·
ὦ κῶραι, τὸ δ' ἔρευθος ἀνέδραμε, πρώϊον οἵαν
ἢ ῥόδον, ἢ σίβδας κόκκος ἔχει χροΐαν.
Τῷ καὶ νῦν ἄρσεν τε κομίσσατε μῶνον ἔλαιον,

---

(1) J'ai cru devoir employer cette périphrase pour expliquer le mot ὀρείχαλκον. Les Grecs appeloient ainsi un métal qui se trouvoit dans les montagnes, & que nous ne connoissons plus. Il paroît, d'après Hésychius, que c'étoit

Venez, jeunes Achéennes, j'entends crier les essieux, venez; mais n'apportez point d'odeurs ni d'essences. Ministres des bains de Pallas, Minerve ne veut point de parfums composés. Ne lui présentez donc point d'odeurs, ni d'essences, ni de miroirs. La grâce est toujours dans ses yeux. Et même sur l'Ida, lorsque Pâris y jugea les Déesses, elle ne consulta ni le métal resplendissant que récèle le sein des montagnes *(1)*, ni les eaux transparentes du Simoïs. Junon l'imita: Cypris seule, les yeux fixés sur l'airain *réfléchissant (2)*, changea & rechangea souvent sa coiffure. Mais Pallas qui, telle que les Jumeaux divins au bord de l'Eurotas, venoit de parcourir cent fois le stade, n'employa d'autre parfum que le simple jus de ses olives chéries; &, pareille à la rose du matin, ou plutôt aux grains éclatans de la grenade, une vive rougeur colora son visage. Jeunes filles, ne lui présentez donc que le jus

---

une espèce de cuivre blanc, dont les Grecs faisoient presque autant de cas que de l'or.

(2) J'ai cru pouvoir hasarder ce mot, parce qu'il rend très-bien l'idée que présente le mot διαυγέα.

de l'olive : c'eſt le parfum de Caſtor, ainſi que d'Hercule. Offrez-lui des peignes d'or pour démêler ſes beaux cheveux, pour en ſéparer les treſſes luiſantes.

Sors de ton temple, o Minerve ; des Vierges, troupe chère à ton cœur, des Vierges deſcendues du grand Aceſtor *(1)* s'empreſſent autour de toi. O Minerve, on porte auſſi devant toi le bouclier de Diomède : ainſi le veut l'antique uſage établi par Eumède, ce Pontife chéri de toi, qui, pour ſe dérober aux tranſports d'un peuple furieux, s'enfuit jadis ſur le mont Créius avec ton image, & l'y cacha ſous des roches eſcarpées, qu'on a depuis ce temps honorées de ton nom *(2)*.

Sors de ton temple, o Pallas, Déeſſe au caſque doré, Déeſſe qui renverſe les murailles, qui te plais au fracas des armes & des chars.

Argiens, gardez-vous en ce jour de plonger vos

---

(1) Aceſtor eſt un perſonnage inconnu dans la fable comme dans l'hiſtoire, mais qui ſans doute avoit joué un rôle conſidérable dans ſa patrie, puiſqu'il y avoit une tribu dans Argos qui portoit ſon nom.

ὦ Κάστωρ, ὦ καὶ χρίεται Ἡρακλέης.
Οἴσετε καὶ κτένα οἱ παγχρύσεον, ὡς ἀπὸ χαίταν
πέξηται, λιπαρὸν σμασαμένα πλόκαμον.

Ἔξιθ', Ἀθαναία· πάρα τοι καταθύμιος ἴλα,
παρθενικαὶ, μεγάλων παῖδες Ἀκεστοριδᾶν.
Ὦ 'θάνα, φέρεται δὲ καὶ ἁ Διομήδεος ἀσπὶς,
ὡς ἔθος Ἀργείως τοῦτο παλαιότερον
Εὐμήδης ἐδίδαξε, τεῒν κεχαρισμένος ἱρεύς·
ὅς ποκα βουλευτὸν γνοὺς 'ἐπί οἱ θάνατον
δᾶμον ἑτοιμάσδοντα, φυγᾷ τεὸν ἱρὸν ἄγαλμα
ᾤχετ' ἔχων, Κρεῖον δ' εἰς ὄρος ᾠκίσατο,
Κρεῖον ὄρος· σὲ δὲ, δαῖμον, ἀπορρώγεσιν ἔθηκεν
ἐν πέτραις, αἷς νῦν ὄνομα Παλλατίδες.

Ἔξιθ', Ἀθαναία περσέπολι, χρυσεοπήληξ,
ἵππων καὶ σακέων ἁδομένα πατάγῳ.

Σάμερον, ὑδροφόροι, μὴ βάπτετε· σάμερον Ἄργος

---

(2) C'étoit au temps du retour des descendans d'Hercule dans le Péloponnèse, quatre-vingts ans après la prise de Troie, qu'étoit arrivé l'évènement dont parle ici Callimaque, & dont nul autre auteur, que je connoisse, ne fait mention.

πίνετ᾽ ἀπὸ κρανᾶν, μηδ᾽ ἀπὸ τῶν ποταμῶν.
Σάμερον, αἱ δῶλαι, τὰς κάλπιδας ἢ 'ς Φυσάδειαν,
ἢ ἐς Ἀμυμώνην οἴσετε τὰν Δαναῶ.
Καὶ γὰρ δὴ χρυσῷ τε καὶ ἄνθεσιν ὕδατα μίξας
ἥξει φορβαίων Ἴναχος ἐξ ὀρέων,
τᾀθάνᾳ τὸ λοετρὸν ἄγων καλόν. Ἀλλά, Πελασγέ,
φράσδεο μὴ οὐκ ἐθέλων τὰν βασίλειαν ἴδῃς.
Ὅς κεν ἴδῃ γυμνὰν τὰν Παλλάδα τὰν πολιοῦχον,
τὦργος ἐσοψεῖται τοῦτο πανυστάτιον.

Πότνι᾽ Ἀθαναία, σὺ μὲν ἔξιθι· μέσφα δ᾽ ἐγώ τι
ταῖσδ᾽ ἐρέω· μῦθος δ᾽ οὐκ ἐμός, ἀλλ᾽ ἑτέρων.

Παῖδες, Ἀθαναία νύμφαν μίαν ἔκ ποκα Θήβαις
πουλύ τι καὶ πέρι δὴ φίλατο τᾶν ἑταρᾶν,
ματέρα Τειρεσίαο, καὶ οὔ ποκα χωρὶς ἔγεντο.
Ἀλλὰ καὶ ἀρχαίων εὖτ᾽ ἐπὶ Θεσπιέων,
ἢ 'πὶ Κορωνείας, ἵνα οἱ τεθυωμένον ἄλσος,
καὶ βωμοὶ ποταμῷ κεῖντ᾽ ἐπὶ Κουραλίῳ,
ἢ 'πὶ Κορωνείας, ἢ εἰς Ἁλίαρτον ἐλαύνοι
ἵππως, Βοιωτῶν ἔργα διερχομένα,
πολλάκις ἁ δαίμων μιν ἑᾶς ἐπεβάσατο δίφρω.

urnes dans le fleuve : c'eſt aux fontaines ſeules à vous déſaltérer. Eſclaves, ne puiſez aujourd'hui qu'aux ſources de Phyſadée, ou dans les eaux d'Amymone *(1)*. Si, du haut de ces côteaux fertiles, Inachus roule ſon onde argentée ſur un lit d'or & de fleurs, c'eſt pour les bains de Pallas que ce Dieu la réſerve. Mais crains, o Pélaſge, crains de jeter un regard, même involontaire, ſur ta Reine. Malheur à celui qui portera la vue ſur les appas ſecrets de notre Déeſſe tutélaire : jamais ſes yeux ne reverront Argos.

O puiſſante Minerve, ſors de ton temple. Vous cependant, jeunes filles, écoutez un récit que bien d'autres Poëtes ont déjà conſacré.

Il fut jadis à Thèbes une Nymphe, mère de Tiréſias, que Minerve préféroit à toutes ſes compagnes, & dont jamais elle ne ſe ſéparoit. Lors même qu'au travers des champs Béotiens, la Déeſſe guidoit ſes courſiers vers l'antique Theſpie, vers Haliarte, ou vers ces bocages odorans que le Coronéen lui a conſacrés ſur les bords du Curalion, toujours on voyoit

(1) Phyſadée & Amymone étoient filles de Danaüs, & avoient laiſſé leur nom à deux fontaines de l'Argolide.

Chariclo aſſiſe à ſes côtés ſur ſon char. Jamais danſes ou concerts ordonnés par d'autres ne plaiſoient à Minerve. Préférence inutile ! A des pleurs éternels la Nymphe étoit réſervée.

Un jour, ſur le ſommet de l'Hélicon, au bord fleuri de l'Hippocrène, la Déeſſe & ſa Nymphe détachant leur ceinture, entroient dans le bain. Le ſilence du midi régnoit dans les bois. Tiréſias ſeul, Tiréſias à peine encore à l'âge où un léger duvet vient ombrager le menton, erroit avec ſes chiens dans cet aſyle redoutable. Par une ſoif brûlante amené vers la fontaine, l'infortuné jeune homme y vit, ſans le chercher, un ſpectacle interdit aux mortels. Minerve en fut irritée ; toutefois plaignant ſon deſtin : « O toi, lui dit-elle, qui deſormais ne » jouiras plus de la vue, fils d'Euérée, quel funeſte démon t'a conduit en ces lieux ! »

Elle dit : ſoudain une nuit épaiſſe couvrit les yeux de l'enfant ; il reſta ſans voix ; la douleur enchaîna ſes mouvemens, & l'étonnement lui coupa la parole. « Terrible Pallas, » s'écria Chariclo, qu'avez-vous fait à mon fils !... » Déeſſes, voilà donc votre amitié !... Vous

Οὐδ' ὅαρσι Νυμφᾶν, οὐδὲ χοροστασίαι
ἁδεῖαι τελέθεσκον, ὅθ' οὐχ ἁγεῖτο Χαρικλώ.
Α'λλ' ἔτι καὶ τήναν δάκρυα πόλλ' ἔμενε,
καίπερ Α'θαναίᾳ καταθύμιον εὖσαν ἑταίραν.

Δή ποκα γὰρ πέπλων λυσαμένα περόνας,
ἵππω 'πὶ κράνᾳ Ε'λικωνίδι καλὰ ῥεοίσᾳ
λῶντο· μεσαμβρινὰ δ' εἶχ' ὄρος ἁσυχία.
Τειρεσίας δ' ἔτι μῶνος ἁμᾶ κυσὶν, ἄρτι γένεια
περκάζων, ἱερὸν χῶρον ἀνεστρέφετο.
Διψάσας δ' ἄφατόν τι, ποτὶ ῥόον ἤλυθε κράνας,
σχέτλιος· οὐκ ἐθέλων δ' εἶδε τὰ μὴ θέμιδες.
Τὸν δὲ, χολωσαμένα περ, ὅμως προσέφασεν Α'θάνα·
« Τίς σε, τὸν ὀφθαλμὼς οὐκ ἔτ' ἀποισόμενον,
ὦ Εὐηρείδα, χαλεπὰν ὁδὸν ἄγαγε δαίμων; »

Α' μὲν ἔφα, παιδὸς δ' ὄμματα νὺξ ἔβαλεν·
ἑστάθη δ' ἄφθογγος, ἐκόλλασαν γὰρ ἀνίαι
γώνατα, καὶ φωνὰν ἔσχεν ἀμαχανία.
Α' Νύμφα δ' ἐβόασε· « Τί μοι τὸν κῶρον ἔρεξας,
πότνια; Τοιαῦται, δαίμονες, ἐστὲ φίλαι; «

» Ὄμματά μοι τῶ παιδὸς ἀφείλεο. Τέκνον ἄλαστε,
» εἶδες Ἀθαναίας στάθεα καὶ λαγόνας·
» ἀλλ' οὐκ ἀέλιον πάλιν ὄψεαι. Ὢ ἐμὲ δειλάν.
» Ὢ ὄρος, ὢ Ἑλικὼν, οὐκ ἔτι μοι παριτὲ,
» ἦ μεγάλ' ἀντ' ὀλίγων ἐπράξαο· δόρκας ὀλέσσας
καὶ πρόκας οὐ πολλὰς, φάεα παιδὸς ἔχεις. »

Ἁ μὲν ἐπ' ἀμφοτέροισι φίλον περὶ παῖδα λαβοῖσα,
μάτηρ μὲν γοερᾶν οἶτον ἀηδονίδων
ἆγε, βαρὺ κλαίοισα. Θεὰ δ' ἐλέησεν ἑταίραν,
καί μιν Ἀθαναία πρὸς τόδ' ἔλεξεν ἔπος·
« Δῖα γύναι, μετὰ πάντα βαλεῦ πάλιν ὅσσα δι' ὀργὰν
» εἶπας. Ἐγὼ δ' οὔ τοι τέκνον ἔθηκ' ἀλαόν.
» Οὐ γὰρ Ἀθαναίᾳ γλυκερὸν πέλει ὄμματα παίδων
» ἁρπάσδεν· Κρόνιοι δ' ὧδε λέγοντι νόμοι·
» ὅς κέ τιν' ἀθανάτων, ὅκα μὴ θεὸς αὐτὸς ἕληται,
» ἀθρήσῃ, μισθῷ τοῦτον ἰδεῖν μεγάλῳ.
» Δῖα γύναι, τὸ μὲν οὐ παλινάγρετον αὖθι γένοιτο
» ἔργον· ἐπεὶ Μοιρᾶν ὧδ' ἐπένευσε λίνα,
» ἁνίκα τὸ πρᾶτόν νιν ἐγείναο. Νῦν δὲ κομίσδευ,
» ὦ Εὐηρείδα, τέλθος ὀφειλόμενον.

avez privé mon fils de la lumière.... Enfant « déplorable, tu as vu les appas de Minerve; « mais tu ne verras plus le Soleil.... Mère infor- « tunée.... Mont que j'abandonne à jamais, fatal « Hélicon, que tu vends cher à mon fils ses plai- « sirs! Pour quelques faons, quelques daims qu'il « a percés de ses traits, il lui en coûte les yeux.»

Ainsi Chariclo, semblable à la plaintive Philomèle, déploroit le destin de son fils, qu'elle embrassoit & baignoit de ses larmes. Minerve eut pitié de sa compagne, & lui dit: « Nymphe, desavouez un discours que vous dicte la colère. Ce n'est point moi qui viens « d'aveugler votre fils. Quelle douceur auroit « pour Minerve le supplice d'un enfant innocent! « N'en accusez que la loi de l'antique Saturne, « qui met au plus haut prix la vue d'un Immortel, « quand on le voit sans que lui-même y consente. « Nymphe, l'arrêt est irrévocable; & tel est le « sort que le fuseau des Parques réservoit à votre « fils dès l'instant qu'il est né. C'est à lui de « supporter son destin. Ah! combien d'holocaustes « la fille de Cadmus & son Aristée voudront-ils « un jour offrir aux Dieux, pour obtenir que «

» leur fils, le jeune Actéon, ne perde que la vue! » En vain aura-t-il été le compagnon de l'auguste » Artémis; en vain aura-t-il cent fois avec elle » poursuivi les hôtes des bois; rien ne garantira » ses jours lorsque ses regards auront, quoiqu'in- » volontairement, surpris la Déesse dans son bain. » Mais soudain ses propres chiens dévoreront leur » ancien maître, & sa mère parcourant les forêts, » n'y retrouvera que les os dispersés de son fils. » Combien de fois alors appellera-t-elle heureuse » & fortunée celle dont le fils sur ces montagnes » n'aura laissé que les yeux! Sèche donc tes pleurs, » o ma compagne, puisqu'en ta faveur je réserve » encore à ton fils un don consolateur. Je veux » que les Thébains révèrent en lui le plus grand » & le plus renommé des Prophètes. Il saura » distinguer, dans le vol des oiseaux, les augures » prospères, indifférens ou sinistres. C'est de lui » que les Béotiens, que Cadmus & les fameux » Labdacides recevront mille oracles. Je lui don- » nerai un sceptre *(1)* dont la vertu divine

---

(1) On sait que la fable avoit donné à Tirésias un bâton mystérieux, avec lequel il conduisoit ses pas aussi sûrement que s'il avoit eu des yeux.

Πόσσα μὲν ἁ Καδμηῒς ἐσύστερον ἔμπυρα καυσεῖ, «
πόσσα δ᾽ Ἀρισταῖος, τὸν μόνον εὐχόμενοι «
παῖδα, τὸν ἁβατὰν Ἀκταίονα, τυφλὸν ἰδέσθαι. «
Καὶ τῆνος μεγάλας σύνδρομος Ἀρτέμιδος «
ἔσσεται· ἀλλ᾽ οὐκ αὐτὸν ὅ τε δρόμος, αἵ τ᾽ ἐν ὄρεσσι «
ῥυσεῦνται ξυναὶ τᾶμος ἑκαβολίαι, «
ὁππόταν, οὐκ ἐθέλων περ, ἴδῃ χαρίεντα λοετρὰ «
δαίμονος· ἀλλ᾽ αὐταὶ τὸν πρὶν ἄνακτα κύνες «
τουτάκι δειπνασεῦντι· τὰ δ᾽ υἱέος ὀστέα μάτηρ «
λεξεῖται, δρυμὼς πάντας ἐπερχομένα. «
Ὀλβίσταν ἐρέει σε καὶ εὐαίωνα γενέσθαι, «
ἐξ ὀρέων ἀλαὸν παῖδ᾽ ὑποδεξαμέναν. «
Ὦ ἑτάρα, τῷ μή τι μινύρεο. Τῷδε γὰρ ἄλλα, «
τεῦ χάριν, ἐξ ἐμέθεν πολλὰ μενεῦντι γέρα· «
μάντιν ἐπεὶ θησῶ νιν ἀοίδιμον ἐσσομένοισιν, «
ἦ μέγα τῶν ἄλλων δή τι περισσότερον. «
Γνωσεῖται δ᾽ ὄρνιθας, ὃς αἴσιος, οἵ τε πέτονται «
ἤλιθα, καὶ ποίων οὐκ ἀγαθαὶ πτέρυγες. «
Πολλὰ δὲ Βοιωτοῖσι θεοπρόπα, πολλὰ δὲ Κάδμῳ «
χρησεῖ, καὶ μεγάλοις ὕστερα Λαβδακίδαις. «
Δωσῶ καὶ μέγα βάκτρον, ὅ οἱ πόδας ἐς δέον ἀξεῖ. «

» Δωσῶ καὶ βιότω τέρμα πολυχρόνιον·
» καὶ μόνος, εὖτε θάνῃ, πεπνυμένος ἐν νεκύεσσι
φοιτασεῖ, μεγάλῳ τίμιος Ἁγεσίλᾳ. »

Ὣς φαμένα κατένευσε· τὸ δ' ἐντελὲς, ᾧ κ' ἐπινεύσῃ
Παλλάς· ἐπεὶ μώνᾳ Ζεὺς τό γε θυγατέρων
δῶκεν Ἀθαναίᾳ, πατρῴϊα πάντα φέρεσθαι.
Λωτροχόοι, μάτηρ δ' οὔτις ἔτικτε θεάν·
ἀλλὰ Διὸς κορυφά. Κορυφὰ Διὸς οὐκ ἐπινεύει
ψεύδεα· [μηδ' ἀτελῆ νεῦσε Διὸς] θυγάτηρ.

Ἔρχετ' Ἀθαναία νῦν ἀτρεκές. Ἀλλὰ δέχεσθε
τὰν θεὸν, ὦ κῶραι, τὦργος ὅσαις μέλεται,
σύν τ' εὐαγορίᾳ, σύν τ' εὔγμασι, σύν τ' ὀλολυγαῖς.

Χαῖρε θεὰ, κάδευ δ' Ἄργεος Ἰναχίω.
Χαῖρε, καὶ ἐξελάοισα, καὶ ἐς πάλιν αὖτις ἐλάσαις
ἵππως, καὶ Δαναῶν κλᾶρον ἅπαντα σάω.

guidera ses pas. Je reculerai dans les siècles les « bornes de sa vie; & seul après sa mort, honoré « du terrible Dieu des enfers, il conservera chez « les ombres son esprit fatidique. »

Elle dit, & fit un signe de tête, infaillible garant de ses promesses; car à Minerve, seule d'entre ses filles, Jupiter a communiqué les attributs qui distinguent son pouvoir. Ministres des bains de Pallas, ce n'est point aux flancs d'une mère que Pallas fut conçue; c'est dans la tête de Jupiter. Jamais un signe de la tête de Jupiter ne fut démenti; jamais un signe de la tête de Minerve ne sera sans effet.

Minerve revient à son temple. Volez au-devant d'elle, jeunes filles; & si la patrie vous est chère, offrez à la Déesse vos prières, vos vœux & vos chants.

Salut, o Déesse! protège les remparts d'Inachus, soit que tes coursiers t'éloignent ou te rapprochent de ton temple; & conserve à jamais l'héritage de Danaüs.

HYMNE TROISIÈME.

EN L'HONNEUR DE CÉRÈS.

LE CALATHUS *(1)* revient; Femmes, chantez : « Salut, o Cérès ! ſalut, o Déeſſe nourricière, Déeſſe des moiſſons ! »

Le CALATHUS revient; à terre, profanes, à terre ! Femmes, filles *(2)*, enfans, craignons tous, en ce jour de jeûne, de le regarder du

---

(1) Eſpèce de corbeille myſtérieuſe & ſacrée, qu'à certain jour marqué l'on rapportoit en pompe du temple d'Éleuſis à celui de Cérès-Theſmophore, dans Athènes.

(2) Si, en rendant par le mot de *filles* les mots ἁ κατεχύατο χαίταν (leſquels ſignifient proprement, *celle qui a les cheveux épars)*, j'ai cru devoir adopter l'explication de M. & de M.me Dacier, qui ſoutiennent qu'il s'agit ici des jeunes filles en général, je ne puis néanmoins me diſpenſer de rendre compte de la difficulté que préſente l'expreſſion grecque, & qui a partagé les Savans. Spanheim a raſſemblé dans ſon Commentaire un grand nombre de paſſages d'Auteurs anciens, qui prouvent que la coutume, en Grèce comme à Rome, étoit que les jeunes filles portaſſent leurs cheveux noués avec des bandelettes. Fondé ſur ces autorités, il ne peut expliquer le vers de Callimaque comme les premiers interprètes, & il penſe

III.

ΕΙΣ ΔΗΜΗΤΡΑ.

Τῶ καλάθω κατιόντος, ἐπιφθέγξασθε γυναῖκες·
« Δάματερ μέγα χαῖρε, πολύτροφε, πουλυμέδιμνε. »
Τὸν κάλαθον κατιόντα χαμαὶ θασεῖσθε βέβαλοι,
μηδ' ἀπὸ τῶ τέγεος, μηδ' ὑψόθεν αὐγάσσησθε,

---

que le Poëte veut parler des Courtiſanes. Il eſt d'autant plus autoriſé à le croire, que, d'une part, pluſieurs vers de Tibulle & de Properce nous apprennent, que la marque diſtinctive des Courtiſanes à Rome étoit de porter les cheveux épars; & que, de l'autre, dans tous les anciens monumens qui repréſentent de jeunes filles occupées à la célébration de quelque fête grecque, elles ont toujours les cheveux noués. Ces preuves ont paru ſi fortes à M. Erneſti, qu'il a adopté dans ſes notes l'interprétation du ſavant Commentateur. Il ſemble par conſéquent que j'aurois dû m'y conformer également. Mais comme cette explication, malgré tout ce qu'on peut dire en ſa faveur, eſt ſingulièrement forcée; & qu'il s'enſuivroit, ſuppoſé que le Poëte ne s'adreſſe qu'aux femmes, aux enfans & aux Courtiſanes, qu'il auroit voulu excepter les jeunes filles de la défenſe générale qu'il fait de regarder d'en-haut le *Calathus*, ce qui ne paroît pas naturel, j'ai préféré la manière d'entendre ce vers qui m'a paru la plus ſimple.

μὴ παῖς, μηδὲ γυνὰ, μηδ' ἃ κατεχεύατο χαίταν,
μηδ' ὅκ' ἀφ' αὐαλέων στομάτων πτύωμες ἄπαστοι.
Ἕσπερος ἐκ νεφέων ἐσκέψατο πανίκα νεῖται·
Ἕσπερος, ὅστε πιεῖν Δαμάτερα μῶνος ἔπεισεν,
ἁρπαγίμας ὅκ' ἄπυστα μετέστιχεν ἴχνια κώρας.

Πότνια, πῶς σε δύναντο πόδες φέρεν ἔς τ' ἐπὶ δυθμὰς,
ἔς τ' ἐπὶ τὼς μέλανας, καὶ ὅπα τὰ χρύσεα μᾶλα;
Οὐ πίες, οὔτ' ἄρ' ἔδες τῆνον χρόνον, οὐδ' ἐλοέσσω.
Τρὶς μὲν δὴ διέβης Ἀχελώϊον ἀργυροδίναν,
τοσσάκι δ' ἀενάων ποταμῶν ἐπέρασας ἕκαστον,
τρὶς δ' ἐπὶ καλλίστης νήσου δράμες ὀμφαλὸν Ἔνναν,
τρὶς δ' ἐπὶ Καλλιχόρῳ χαμάδις ἐκαθίσσαο φρητὶ,
αὐσταλέα, ἄποτός τε· καὶ οὐ φάγες, οὐδ' ἐλοέσσω.....

Μὴ μὴ ταῦτα λέγωμες, ἃ δάκρυον ἄγαγε Δηοῖ.
Κάλλιον, ὡς πολίεσσιν ἑαδότα τέθμια δῶκε·
κάλλιον, ὡς καλάμαν τε καὶ ἱερὰ δράγματα πρᾶτα
ἀσταχύων ἀπέκοψε, καὶ ἐν βόας ἧκε πατῆσαι,
ἁνίκα Τριπτόλεμος ἀγαθὰν ἐδιδάσκετο τέχναν·

---

(1) Le texte dit *à Enna*, ville située au centre de la Sicile.
(2) Auprès d'Éleusis, dans l'Attique.

haut des toits ou d'un lieu trop élevé. Hefpérus nous annonce fon retour; Hefpérus qui feul fut perfuader à Cérès d'étancher fa foif, lorfqu'elle cherchoit les traces de Proferpine ravie à fa tendreffe.

O Déeffe, comment tes forces fuffirent-elles alors, à courir jufqu'aux portes du couchant & jufqu'aux climats brûlans où croiffent les pommes d'or, fans manger, fans boire, fans entrer dans le bain! Trois fois tu traverfas le lit argenté de l'Achéloüs; trois fois tu paffas tous les fleuves de la terre; trois fois tu revins au centre *(1)* de la plus charmante des îles; trois fois enfin tu retournas t'affeoir au bord du puits de Callichorus *(2)*, couverte de pouffière, fans avoir mangé, fans avoir bu, fans être entrée dans le bain.......

Mais pourquoi rappeler ce qui coûta des larmes à Cérès! Parlons des loix aimables qu'elle a données à nos villes; parlons des jours où enfeignant à Triptolème le plus beau des arts, elle montra la première à moiffonner les épis, à en former des gerbes, à les faire broyer fous les pieds des taureaux. Ou plutôt encore, pour effrayer à jamais les impies, difons comme elle livra jadis le déplorable fils de Triopas aux tourmens de la faim.

Les Pélafges *(1)* habitoient encore à Dotium. Ils y avoient confacré à Cérès un bois délicieux, planté d'arbres touffus impénétrables *(2)* au jour; lieu charmant, que la Déeffe aima *(3)* toujours à l'égal d'Éleufis, de Triopion *(4)* & d'Enna. Là, parmi les pins & les ormes altiers, les poiriers s'enlaçoient aux pommiers, & du fein des rocailles jailliffoit une onde pareille au cryftal le plus pur *(5)*.

Mais quand le ciel voulut retirer fes faveurs aux enfans de Triopas, un funefte projet féduifit Éréfichton. Il prend vingt efclaves, tous à la fleur de l'âge, tous femblables aux Géans & capables d'emporter une ville. Il les arme de

---

(1) Ancien peuple répandu dans la Grèce, mais dont la principale habitation étoit en Theffalie, où ils avoient bâti entre autres la ville de Dotium. Il fe fit dans la fuite une émigration de ce peuple fous la conduite de Triopas, père d'Éréfichton, qui alla fonder la ville de Cnide en Carie. Voilà pourquoi le Poëte ajoute : *n'habitoient point encore Cnide.*

κάλλιον, ὡς (ἵνα καί τις ὑπερβασίας ἀλέηται)
θήκατο βουπείνα Τριόπεω γόνον οἰκτρὸν ἰδέσθαι.

Οὔπω τὰν Κνιδίαν, ἔτι Δώτιον ἱρὸν ἔναιον,
τὶν δ' αὐτᾷ καλὸν ἄλσος ἐποιήσαντο Πελασγοὶ
δένδρεσιν ἀμφιλαφές· διά κεν μόλις ἦλθεν ὀϊστός.
Ἐν πίτυς, ἐν μεγάλαι πτελέαι ἔσαν, ἐν δὲ καὶ ὄχναι,
ἐν δὲ καλὰ γλυκύμαλα· τὸ δ', ὥστ' ἀλέκτρινον, ὕδωρ
ἐξ ἀμαρᾶν ἀνέθυε. Θεὰ δ' ἐπεμαίνετο χώρῳ,
ὅσσον Ἐλευσῖνι, Τριόπῳ θ' ὅσον, ὁκκόσον Ἔννᾳ.

Ἀλλ' ὅκα Τριοπίδαισιν ὁ δεξιὸς ἄχθετο δαίμων,
τουτάκις ἁ χείρων Ἐρυσίχθονος ἅψατο βωλά.
Σεύατ' ἔχων θεράποντας ἐείκοσι, πάντας ἐν ἀκμᾷ,
πάντας δ' ἀνδρογίγαντας, (ὅλαν πόλιν ἀρκίοι ἆραι)

---

(2) Le texte dit: *Entre leſquels à peine une flèche eût paſſé.*

(3) L'expreſſion grecque eſt bien plus énergique, ἐπεμαίνετο, *l'aimoit avec tranſport.*

(4) Promontoire voiſin de Cnide, où Triopas tranſporta le culte de Cérès après la funeſte aventure d'Éréſichton.

(5) Le texte dit : *pareille à l'ambre.*

ἀμφότερον πελέκεσσι καὶ ἀξίναισιν ὁπλίσσας·
ἐς δὲ τὸ τᾶς Δάματρος ἀναιδέες ἔδραμον ἄλσος.

Ἦς δέ τις αἴγειρος, μέγα δένδρεον, αἰθέρι κῦρον·
τῷ δ' ἔπι ταὶ Νύμφαι ποτὶ τ' ὤνδιον ἑψιόωντο·
ἃ πράτα πλαγεῖσα, κακὸν μέλος ἴαχεν ἄλλαις.
Ἤσθετο Δαμάτηρ ὅτι οἱ ξύλον ἱερὸν ἀλγεῖ·
εἶπε δὲ χωσαμένα· « Τίς μοι καλὰ δένδρεα κόπτει; »
Αὐτίκα Νικίππᾳ, (τάν οἱ πόλις ἀρήτειραν
δαμοσίαν ἔστασαν) ἐείσατο· γέντο δὲ χειρὶ
στέμματα καὶ μάκωνα, κατωμαδίαν δ' ἔχε κλᾷδα.
Φᾶ δὲ παραψήχοισα κακὸν καὶ ἀναιδέα φῶτα·
« Τέκνον, ὅτις τὰ θεοῖσιν ἀνειμένα δένδρεα κόπτεις,
» τέκνον, ἐλίνυσον, τέκνον πολύθεστε τοκεῦσι,
» παύεο, καὶ θεράποντας ἀπότρεπε, μή τι χαλεφθῇ
πότνια Δαμάτηρ, τᾶς ἱερὸν ἐκκεραΐζεις. »
Τὰν δ' ἄρ' ὑποβλέψας χαλεπώτερον, ἠὲ κυναγὸν
ὤρεσιν ἐν Τμαρίοισιν ὑποβλέπει ἄνδρα λέαινα
ὠμοτόκος, (τᾶς φαντὶ πέλειν βλοσυρώτατον ὄμμα)

---

(1) Montagne du pays des Moloſſes.

(2) La comparaiſon eſt plus alongée dans le texte : *Mais*

haches & de coignées, & court insolemment avec eux au bois de Cérès.

Au milieu s'élevoit un immense peuplier qui touchoit jusqu'aux astres, & dont l'ombre, à midi, favorisoit les Dryades. Frappé le premier, il donne en gémissant un triste signal aux autres arbres. Cérès connut à l'instant le danger de son bois sacré : « Qui donc, s'écria-t-elle en courroux, brise les arbres que j'aime ? » Aussitôt, sous les traits de Nicippe (c'étoit sa Prêtresse), les bandelettes & le pavot dans les mains, la clef du temple sur l'épaule, elle s'approche, & ménageant encore un insolent & coupable mortel ; « O toi, lui dit-elle, qui brises des arbres consacrés aux Dieux, o mon fils, arrêtes ; retiens tes esclaves ; mon fils, cher espoir de ta famille, n'arme point le courroux de Cérès, dont tu profanes le bocage. » Mais lui, plus furieux qu'une lionne du Tomare *(1)* à l'instant qu'elle accouche *(2)*, « Retire-toi, répond-il, ou bientôt cette hache..... Ces arbres ne

---

lui, la regardant d'un œil plus terrible qu'une lionne (dont on dit que l'œil est le plus farouche) à l'instant qu'elle accouche, ne regarde un chasseur sur le mont Tomare.

» ſerviront plus qu'à bâtir le palais où je paſſerai » mes jours avec mes amis dans les feſtins & dans la joie. »

Il dit, & Néméſis écrivit le blaſphème. Soudain Cérès en fureur ſe montra toute entière : ſes pieds touchent à la terre, & ſa tête à l'Olympe. Tout fuit, & les eſclaves demi-morts abandonnent leurs coignées dans les arbres. Cérès les épargna ; ils n'avoient fait qu'obéir à leur maître. Mais à ce maître impérieux, « Vas, dit-elle, inſolent, vas bâtir le palais où tu feras des feſtins : certes il t'en faudra ſouvent célébrer deſormais. »

Elle n'en dit pas plus : le ſupplice étoit prêt. Auſſitôt s'allume au ſein de l'impie une faim cruelle, inſatiable, ardente, inſupportable ; effroyable tourment dont il fut bientôt conſumé. Plus il mange, plus il veut manger ; vingt eſclaves ſont occupés à lui préparer des mets, douze autres à lui verſer à boire : car l'injure de Cérès eſt l'injure de Bacchus, & toujours Bacchus partagea le courroux de Cérès.

C'en eſt fait, ſes parens honteux n'oſent plus

« Χάζευ, ἔφα· μή τοι πέλεκυν μέγαν ἐν χροῒ πάξω.
Ταῦτα δ' ἐμὸν θασεῖ στεγανὸν δόμον, ᾧ ἔνι δαῖτας «
αἰὲν ἐμοῖς ἑτάροισιν ἄδην θυμαρέας ἀξῶ. »

Εἶπεν ὁ παῖς· Νέμεσις δὲ κακὰν ἐγράψατο φωνάν.
Δαμάτηρ δ' ἄφατόν τι κοτέσσατο· γείνατο δ' ἁ θεύς·
ἴθματα μὲν χέρσω, κεφαλὰ δέ οἱ ἅψατ' Ὀλύμπω.
Οἱ μὲν ἄρ ἁμιθνῆτες, ἐπεὶ τὰν πότνιαν εἶδον,
ἐξαπίνας ἀπόρουσαν, ἐνὶ δρυσὶ χαλκὸν ἀφέντες.
Ἁ δ' ἄλλως μὲν ἔασεν, ἀναγκαίᾳ γὰρ ἕποντο
δεσποτικὰν ὑπὸ χεῖρα· βαρὺν δ' ἀπαμείψατ' ἄνακτα·
« Ναὶ ναὶ, τεύχεο δῶμα, κύον, κύον, ᾧ ἔνι δαῖτας
ποιησεῖς· θαμιναὶ γὰρ ἐς ὕστερον εἰλαπίναι τοι. »

Ἁ μὲν τόσσ' εἰποῖσ' Ἐρυσίχθονι τεῦχε πονηρά.
Αὐτίκα οἱ χαλεπόν τε καὶ ἄγριον ἔμβαλε λιμὸν,
αἴθωνα, κρατερόν· μεγάλᾳ δ' ἐστρεύγετο νούσῳ.
Σχέτλιος, ὅσσα πάσαιτο, τόσων ἔχεν ἵμερος αὖτις.
Εἴκατι δαῖτα πένοντο, δυώδεκα δ' οἶνον ἄφυσσον.
Καὶ γὰρ τᾷ Δάματρι συνωργίσθη Διόνυσος·
τόσσα Διώνυσον γὰρ ἃ καὶ Δάματρα χαλέπτει.

Οὔτε μιν εἰς ἐράνως, οὔτε συνδείπνια πέμπον

αἰδόμενοι γονέες· προχανὰ δ' εὑρίσκετο πᾶσα.
Ἦνθον Ἰτωνιάδος μιν Ἀθαναίας ἔπ' ἄεθλα
Ὀρμενίδαι καλέοντες· ἀπ' ὧν ἠρνήσατο μάτηρ·
« Οὐκ ἔνδοι· χθιζὸς γὰρ ἐπὶ Κρανῶνα βέβακε
τέλθος ἀπαιτήσων, ἑκατὸν βόας. » Ἦνθε Πολυξὼ,
μάτηρ Ἀκτορίωνος, ἐπεὶ γάμον ἄρτυε παιδὶ,
ἀμφότερον, Τριόπαν τε καὶ υἱέα, κικλήσκοισα.
Τὰν δὲ γυνὰ βαρύθυμος ἀμείβετο δακρυχέοισα·
« Νεῖταί τοι Τριόπας· Ἐρυσίχθονα δ' ἤλασε κάπρος
Πίνδω ἀν' εὐάγκειαν, ὁ δ' ἐννέα φάεα κεῖται. »
Δειλαία, φιλότεκνε, τί δ' οὐκ ἐψεύσαο, μᾶτερ;
Δαίνυεν εἰλαπίνας τις; « Ἐν ἀλλοτρίοις Ἐρυσίχθων. »

---

(1) Orménus, selon la fable, étoit petit-fils d'Aéole, ainsi que Triopas, & avoit fondé une ville de son nom en Thessalie.

(2) Ainsi nommée à cause du temple qu'Iton, fils d'Amphyction, lui avoit consacré dans la ville qu'il avoit fondée en Thessalie, & à laquelle il avoit donné son nom. Le culte de Minerve Itoniade fut transporté par la suite dans la Béotie.

(3) Je ne me rappelle point d'avoir vu, dans aucun Mythographe, le nom de la mère d'Éréfichton.

l'envoyer aux banquets. Tous les prétextes ſont tour-à-tour employés. Les fils d'Orménus *(1)* l'invitoient aux jeux de Minerve-Itoniade *(2)*: « Éréſichton n'eſt point ici, répondoit ſa mère *(3)*; il eſt allé redemander aux bergers « de Cranon *(4)* les troupeaux nombreux qu'il « leur avoit confiés. » Polyxo préparoit l'hymen d'Actorion *(5)*; elle convioit à la fête Triopas & ſon fils: « Triopas ira, lui diſoit-on avec larmes; mais Éréſichton atteint il y a neuf « jours, dans les vallées du Pinde, par un fier « ſanglier, ne peut encore ſe ſoutenir. » Mère infortunée, mère trop tendre, quels détours n'avez-vous pas inventés? L'appeloit-on aux feſtins? « Éréſichton eſt loin de ces lieux. » Célébroit-on quelque hymen? tantôt, « un diſque l'a frappé; » tantôt, « un cheval fougueux

---

(4) Ville de Theſſalie.

(5) Vraiſemblablement le même que celui qui eſt mis par Orphée au nombre des Argonautes. Comme ce Poëte ne dit point le nom de la mère de ce héros, il eſt vraiſemblable que c'étoit cette Polyxo dont parle ici Callimaque, & qui ne peut avoir rien de commun avec les autres héroïnes de ce nom, dont il eſt parlé dans les anciens Mythologues qui nous reſtent.

l'a terraſſé ; » tantôt, « il compte ſes troupeaux ſur l'Othrys. »

Cependant au fond de ſon palais, Éréſichton paſſant les jours à table, y dévore mille mets. Plus il mange, plus s'irritent ſes entrailles. Tous les alimens y ſont engloutis ſans effet, comme au fond d'un abîme.

Tel qu'on voit la neige du Mimas *(1)*, ou la cire fondre aux rayons du Soleil, tel & plus promptement encore on le vit dépérir. Bientôt les fibres & les os ſeuls lui reſtèrent. Sa mère & ſes ſœurs en pleurèrent, le ſein qui l'avoit allaité en ſoupira, & ſes eſclaves en gémirent. Triopas lui-même en arracha ſes cheveux blancs, & s'adreſſant à Neptune, qui ne l'entendoit pas : « Non, s'écrioit-il, tu n'es
» point mon père ; ou, s'il eſt vrai que je ſois né
» de toi & de la fille *(2)* d'Aéole, regarde l'in-
» fortuné qui doit te nommer ſon aïeul, puiſque
» c'eſt moi qui lui donnai le jour. Que n'eſt-il
» tombé ſous les traits d'Apollon ! Que ne l'ai-je
» enſéveli de mes mains ! Faut-il que je le voie

---

(1) Promontoire de l'Ionie fort élevé.

Ἄγετό τις νύμφαν; « Ἐρυσίχθονα δίσκος ἔτυψεν, »
ἢ « ἔπεσ' ἐξ ἵππων, » ἢ « ἐν Ὄθρυϊ ποίμνι ἀεθμεῖ. »

Ἐνδόμυχος δ' ἤπειτα πανάμερος εἰλαπιναστὰς
ἤσθιε μυρία πάντα· κακὰ δ' ἐξάλλετο γαστὴρ
αἰεὶ μᾶλλον ἔδοντι· τὰ δ' ἐς βυθὸν οἷα θαλάσσας
ἀλεμάτως ἀχάριστα κατέῤῥεεν εἴδατα πάντα.

Ὡς δὲ Μίμαντι χιὼν, ὡς ἀελίῳ ἔνι πλαγγὼν,
καὶ τούτων ἔτι μεῖζον ἐτάκετο, μέσφ' ἐπὶ νευραῖς
δειλαίῳ ῥινός τε καὶ ὀστέα μῶνον ἐλίφθεν.
Κλαῖε μὲν ἁ μάτηρ, βαρὺ δ' ἔστενον αἱ δύ' ἀδελφαὶ,
χὠ μαστὸς τὸν ἔπινε, καὶ αἱ δέκα, πολλάκι, δῶλαι.
Καὶ δ' αὐτὸς Τριόπας πολιαῖς ἐπὶ χεῖρας ἔβαλλε,
τοῖα τὸν οὐκ ἀΐοντα Ποσειδάωνα καλιστρέων·
« Ψευδοπάτωρ, ἴδε τόνδε τεοῦ τρίτον· εἴπερ ἐγὼν μὲν
σεῦ τε καὶ Αἰολίδος Κανάκης γένος· αὐτὰρ ἐμεῖο «
τῆνο τὸ δείλαιον γένετο βρέφος. Αἴθε γὰρ αὐτὸν «
βλητὸν ὑπ' Ἀπόλλωνος ἐμαὶ χέρες ἐκτερέϊξαν. «
Νῦν δὲ κακὰ βούβρωστις ἐν ὀφθαλμοῖσι κάθηται. «

---

(2) Triopas, ſelon la fable, étoit fils de Canacé.

» Ἤ οἱ ἀπόστασον χαλεπὰν νόσον, ἠέ μιν αὐτὸς
» βόσκε λαβών· ἁμαὶ γὰρ ἀπειρήκαντι τράπεσδαι.
» Χῆραι μὲν μάνδραι, κενεαὶ δέ μοι αὔλιες ἤδη
» τετραπόδων· ἤδη γὰρ ἀπηρνήσαντο μάγειροι.
» Ἀλλὰ καὶ οὐρῆας μεγαλᾶν ὑπέλυσαν ἁμαξᾶν,
» καὶ τὰν βῶν ἔφαγε, τὰν Ἑστίᾳ ἔτρεφε μάτηρ,
» καὶ τὸν ἀεθλοφόρον, καὶ τὸν πολεμήιον ἵππον,
καὶ τὰν αἴλουρον, τὰν ἔτρεμε θηρία μικκά. »

Μέσφ' ὄκα μὲν Τριόπαο δόμοις ἔνι χρήματα κεῖτο,
μῶνοι ἄρ' οἰκεῖοι θάλαμοι κακὸν ἠπίσταντο.
Ἀλλ' ὄκα τὸν βαθὺν οἶκον ἀνεξήραναν ὀδόντες,
καὶ τόχ' ὁ τῶ βασιλῆος ἐνὶ τριόδοισι καθῆστο,
αἰτίζων ἀκόλως τε καὶ ἔκβολα λύματα δαιτός.

Δάματερ, μὴ τῆνος ἐμὶν φίλος, ὅς τοι ἀπεχθής,
εἴη, μηδ' ὁμότοιχος· ἐμὶν κακογείτονες ἐχθροί.

---

(1) *Qui lui avoit valu tant de gloire dans les jeux.* Le texte exprime tout cela dans un ſeul mot, ἀεθλοφόρον, *remporteur de prix.*

(2) Le texte ajoute: *juſqu'au chat que craignent les petites bêtes.* Telle eſt la différence des deux langues, que je n'ai pu m'enhardir à préſenter dans ma verſion, ſous quelque

dévoré par la faim ! Éloigne donc de lui ce mal « funeſte, ou toi-même prends ſoin de le nourrir. « Pour moi, j'ai tout épuiſé. Mes bergeries ſont « vides, mes étables ſans troupeaux, & mes « eſclaves ne ſuffiſent plus à le ſervir. Il a tout « conſumé, juſqu'aux cavales qui traînoient ſon « char, juſqu'aux courſiers qui lui avoient valu « tant de gloire dans les jeux *(1)* & dans les « combats, juſqu'au taureau que ſa mère en- « graiſſoit pour Veſta *(2)*. »

Tant qu'à Triopas il reſta quelque reſſource, ſon foyer fut ſeul témoin de ſa peine. Mais quand Éréſichton eut abſorbé tout ſon bien, on vit le fils d'un Roi, aſſis dans les places publiques, mendier les alimens les plus vils.

O Cérès, que celui que tu hais ne ſoit jamais mon ami ! que jamais il n'habite avec moi ! loin de moi des voiſins ſi funeſtes !

---

tournure que ce fût, cette idée, qui, loin d'avoir rien de rebutant dans le grec, ajoute au contraire le dernier trait au tableau de la voracité d'Éréſichton, que le Poëte repréſente dévorant tout, depuis le plus petit juſqu'au plus grand des animaux.

Chantez, jeunes Vierges, & vous mères, répétez : « Salut, o Cérès ! ſalut, o Déeſſe nourricière, Déeſſe des moiſſons ! » Quatre courſiers, aux crins argentés, traînent le CALATHUS ; ainſi, puiſſante Cérès, tu nous apporteras, d'années en années, quatre ſaiſons favorables. Nous te ſuivons les pieds ſans chauſſure, & la tête ſans bandelettes ; ainſi tu préſerveras des maux nos pieds & nos têtes. Des Vierges portent en ton honneur des paniers tiſſus d'or ; ainſi l'or ne manquera jamais à nos beſoins.

Femmes qui n'êtes point initiées, ne ſuivez cette pompe myſtérieuſe que juſqu'au Prytanée *(1)*. Femmes qui ne comptez pas encore ſoixante hivers, venez juſqu'au temple. Vous que l'âge appéſantit, ou vous qui tendez les mains à Lucine, & que les douleurs ont ſurpriſes, venez juſqu'où vos forces pourront vous conduire ; la Déeſſe verſera ſur vous ſes faveurs autant que ſur celles qui l'accompagneront à ſon temple *(2)*.

Salut, o Déeſſe ! conſerve cette ville dans la

Εἴπατε παρθενικαί, καὶ ἐπιφθέγξασθε τεκοῖσαι·
« Δάματερ, μέγα χαῖρε, πολύτροφε, πουλυμέδιμνε. »
Χ' ὡς αἱ τὸν κάλαθον λευκότριχες ἵπποι ἄγοντι
τέσσαρες, ὣς ἁμῖν μεγάλα θεὸς εὐρυάνασσα
λευκὸν ἔαρ, λευκὸν δὲ θέρος, καὶ χεῖμα φέροισα
ἥξει καὶ φθινόπωρον, ἔτος δ' εἰς ἄλλο φυλαξεῖ.
Ὡς δ' ἀπεδίλωτοι καὶ ἀνάμπυκες ἄστυ πατεῦμες,
ὣς πόδας, ὣς κεφαλὰς παναπηρέας ἕξομες αἰεί.
Ὡς αἱ λικνοφόροι χρυσῶ πλέα λίκνα φέροντι,
ὣς ἄμμες τὸν χρυσὸν ἀφειδέα πασαίμεθα.

Μέσφα τὰ τᾶς πόλιος πρυτανήϊα τὰς ἀτελέστως
τᾶσδε τελεσφορίας ποτὶ τὰν θεὸν ἄχρις ὁμαρτεῖν
αἵτινες ἑξήκοντα κατώτεραι· αἱ δὲ βαρεῖαι,
χ' ἅτις Ἐλειθυίᾳ τείνει χέρα, χ' ἅτις ἐν ἄλγει,
ὡς ἅλις, ὡς αὐτᾶν ἱκανὸν γόνυ· ταῖσι δὲ Δηὼ
δωσεῖ πάντ' ἐπίμεστα, καὶ ὡς ποτὶ ναὸν ἵκωνται.

Χαῖρε, θεά, καὶ τάνδε σάω πόλιν, ἔν θ' ὁμονοίᾳ,

---

(1) Espèce d'Hôtel-de-ville.

(2) Toute cette strophe, ainsi que la précédente, a rapport aux différens rites de la fête des Thesmophories.

ἔν τ' εὐηπελίᾳ. Φέρε δ' ἀγρόθι νόστιμα πάντα.
Φέρβε βόας, φέρε μᾶλα· φέρε στάχυν, οἶσε θερισμόν.
Φέρβε καὶ εἰράναν, ἵν' ὃς ἄροσε, τῆνος ἀμασεῖ.

Ἵλαθί μοι, τρίλλιστε, μέγα κρείοισα θεάων.

concorde & dans l'abondance. Fais tout mûrir dans nos champs. Engraiſſe nos troupeaux, fertiliſe nos vergers, groſſis nos épis, féconde nos moiſſons. Fais ſur-tout régner la paix, afin que la main qui sème puiſſe auſſi recueillir.

Sois-moi propice, o Divinité trois fois adorable, puiſſante reine des Déeſſes!

FABLE
D'ÉRÉSICHTON,
TIRÉE
DES MÉTAMORPHOSES
D'OVIDE.

FABULA ERESICHTONOS,

EX METAMORPHOSEON

LIBRO VIII.

. . . . ERAT, qui numina Divûm
ſperneret, & nullos aris adoleret honores.
Ille etiam Cereale nemus violaſſe ſecuri
dicitur, & lucos ferro temeraſſe vetuſtos.
Stabat in his ingens annoſo robore quercus,
una nemus. Vittæ mediam, memoreſque tabellæ,
ſertaque cingebant, voti argumenta potentis.
Sæpe ſub hâc Dryades feſtas duxere choreas;
ſæpe etiam, manibus nexis ex ordine, trunci
circumiere modum; menſuraque roboris, ulnas
quinque ter implebat: necnon & cætera tanto
ſylva ſub hâc, ſylvâ quanto jacet herba ſub omni.

Non tamen idcirco ferrum Triopeïus illâ
abſtinuit; famuloſque jubet ſuccidere ſacrum
robur; & ut juſſos cunctari vidit, ab uno
edidit hæc raptâ ſceleratus verba ſecuri:

LA FABLE D'ÉRÉSICHTON,

*Tirée des Métamorphoses d'*OVIDE,

LIVRE VIII.

IL fut jadis un mortel qui méprisa les Dieux, & ne fit jamais fumer leurs autels. On dit même qu'il porta la hache dans un bois de Cérès, & profana par le fer ses antiques bocages. On y voyoit un chêne immense, respecté par les ans, & qui seul étoit une forêt. Ceint de bandelettes & de guirlandes, chargé d'offrandes, il atteſtoit les bienfaits de la Déesse. Souvent les Dryades dansoient à l'ombre de ses feuilles; souvent, les mains enlacées, elles entouroient son tronc, que quinze bras pouvoient à peine embrasser. Autant les autres arbres dominoient la fougère, autant il dominoit les autres arbres.

Tant de majesté n'arrêta point le fils de Triopas. Il ordonne à ses esclaves d'abattre cet arbre sacré. Les esclaves hésitoient; il saisit la hache de l'un d'eux, en proférant ce blasphème;

« Fût-ce, non l'arbre chéri de Cérès, mais Cérès
» elle-même, bientôt cette tige ſuperbe touchera
la pouſſière. » Il dit; & tandis qu'il balance la hache & meſure ſon coup, le chêne gémit & trembla; ſes feuilles & ſes glands commencèrent à pâlir, & la ſueur mouilla ſes rameaux. A peine le coup étoit porté, que de l'écorce déchirée s'élance un flot de ſang, tel qu'en verſe un taureau qu'on égorge à l'autel. Les eſclaves reſtent interdits. Un ſeul veut s'oppoſer au crime, & retenir un bras ſacrilége; Éréſichton le voit: « Tiens, dit-il, reçois le prix de ton zèle; » & détournant ſa hache, il abat le malheureux à ſes pieds, & pourſuit ſon ouvrage. Tout-à-coup du creux de l'arbre ſort une voix lamentable: « Ce bois cachoit une Nymphe
» chère à Cérès. Bientôt tu recevras la peine
» qui t'eſt dûe; c'eſt l'eſpoir que j'emporte en mourant. »

Rien ne peut l'arrêter. Frappé de mille coups, entraîné par cent bras, le chêne enfin tombe, & de ſon poids énorme écraſe des arbres ſans nombre.

Épouvantées du deſaſtre de la forêt, & du

« *Non dilecta Deæ solum, sed & ipsa licebit*
sit Dea, jam tanget frondente cacumine terram. »
Dixit; & obliquos dum telum librat in ictus,
contremuit, gemitumque dedit Deoïa quercus;
& pariter frondes, pariter pallescere glandes
cæpere, ac longi sudore madescere rami.
Cujus ut in trunco fecit manus impia vulnus,
haud aliter fluxit, discussâ cortice, sanguis,
quàm solet, ante aras ingens ubi victima taurus
concidit, abruptâ cruor e cervice profusus.
Obstupuere omnes, aliquisque ex omnibus audet
deterrere nefas, sævamque inhibere bipennim.
Aspicit hunc, « Mentisque piæ cape præmia, » dixit
Thessalus; inque virum convertit ab arbore ferrum,
detruncatque caput; repetitaque robora cædit.
Editus e medio sonus cum robore talis:
« *Nympha sub hoc ego sum Cereri gratissima ligno,*
quæ tibi factorum pœnas instare tuorum «
vaticinor moriens, nostri solatia leti. »

Persequitur scelus ille suum; labefactaque tandem
ictibus innumeris, adductaque funibus, arbor
corruit, & multam prostravit pondere sylvam.

Attonitæ Dryades damno nemorisque suæque

omnes germanæ, Cererem cum vestibus atris
mærentes adeunt, pœnamque Eresichtonis orant.
Annuit his, capitisque sui pulcherrima motu
concussit gravidis oneratos messibus agros.
Moliturque, (genus pœnæ miserabile, si non
ille suis esset nulli miserabilis actis)
pestiferâ lacerare Fame. Quæ quatenus ipsi
non adeunda Deæ, (neque enim Cereremque Famemque
fata coïre sinunt) montani numinis unam,
talibus agrestem compellat Oreada dictis :
« *Est locus, extremis Scythiæ glacialis in oris,*
» *triste solum, sterilis, sine fruge, sine arbore, tellus.*
» *Frigus iners illic habitant, Pallorque, Tremorque,*
» *& jejuna Fames. Ea se in præcordia condat*
» *sacrilegi scelerata jube; nec copia rerum*
» *vincat eam; superetque meas certamine vires.*
» *Neve viæ spatium te terreat, accipe currus,*
accipe, quos frenis altè moderere, dracones. »

Et dedit. Illa dato subvecta per aëra curru
devenit in Scythiam; rigidique cacumine montis,
(Caucason appellant) serpentum colla levavit.

ſort de leur ſœur, les Dryades en deuil portent leurs plaintes à Cérès & demandent vengeance. Cérès jura de punir le coupable, & d'un ſigne de ſa tête elle ébranla la terre & ſes moiſſons jauniſſantes. Elle médite auſſitôt (peine déplorable, ſi l'on eût pu déplorer le ſort d'un impie) de le livrer aux tourmens de la Faim. Mais ne pouvant porter elle-même ſes ordres à la Faim, (car le deſtin a, pour jamais, ſéparé Cérès & la Faim), elle appelle une de ſes Nymphes, Oréade, agreſte divinité des montagnes, & lui parle en ces termes: « Il eſt, au fond des climats glacés de la Scythie, un champ triſte & déſert, qui ne « porte ni fruits, ni moiſſons. C'eſt-là qu'habite « le Froid pareſſeux, la Pâleur, le Friſſon & « l'inſatiable Faim. Vas, ordonne à l'infame de « s'établir au ſein d'un ſacrilége; que rien ne l'en « puiſſe chaſſer; qu'elle y combatte mes forces, « & qu'elle en ſoit victorieuſe. Ne crains point « l'éloignement; prends mon char, prends mes « dragons que tu guideras dans les airs. »

Elle lui donne ſon char. La Nymphe vole, arrive en Scythie; &, ſur le ſommet du Caucaſe, laiſſe repoſer ſes dragons. Là, cherchant des yeux, elle voit au fond d'un champ pierreux la Faim, qui des ongles & d'un reste de dents arrachoit quelques herbes. Son œil étoit creux, ses cheveux hérissés, son teint pâle, ses lèvres livides, sa bouche lépreuse, sa peau sèche & transparente. Sous ses reins courbés, s'alongeoient des os décharnés; point de ventre, il n'en restoit que la place; sa gorge étoit pendante & collée presque à l'épine. Ses jointures étoient engorgées, ses genoux roides, & ses talons gonflés par d'énormes tumeurs. Aussitôt, de loin & sans oser la joindre, la Nymphe remplit son message. Elle ne s'arrêta qu'un instant; elle n'approcha point de la Faim; toutefois elle crut en avoir senti les atteintes; & sans tarder davantage, elle reprit ses guides & revola dans la Grèce.

Cependant la Faim, quoique toujours contraire à Cérès, obéit à ses ordres. Portée par les vents, elle arrive au lieu désigné, & s'élance au lit de l'impie. Il étoit nuit; & le trouvant plongé dans le sommeil, elle étend sur lui ses deux ailes, pénètre dans son corps, enflamme son palais, sa gorge & ses entrailles, & répand son

Quæsitamque Famen lapidoso vidit in agro,
unguibus & raris vellentem dentibus herbas.
Hirtus erat crinis, cava lumina, pallor in ore,
labra incana situ, scabræ rubigine fauces,
dura cutis, per quam spectari viscera possent.
Ossa sub incurvis extabant arida lumbis.
Ventris erat pro ventre locus. Pendere putares
pectus, & a spinæ tantummodo crate teneri.
Auxerat articulos macies, genuumque rigebat
orbis, & immodico prodibant tubere tali.
Hanc procul ut vidit, neque enim est accedere juxta
ausa, refert mandata Deæ; paulùmque morata,
quanquam aberat longè, quanquam modo venerat illuc,
visa tamen sensisse famem, retroque dracones
egit in Aemoniam versis sublimis habenis.

Dicta Fames Cereris, quamvis contraria semper
illius est operi, peragit; perque aëra, vento
ad jussam delata domum est, & protinus
intrat sacrilegi thalamos; altoque sopore solutum,
(noctis erat tempus) geminis amplectitur alis;
seque viro inspirat, faucesque, & pectus, & ora

afflat, & in vacuis ſpargit jejunia venis;
functaque mandato, fecundum deſerit orbem,
inque domos inopes, aſſueta revertitur arva.

Lenis adhuc ſomnus placidis Ereſichtona pennis
mulcebat: petit ille dapes ſub imagine ſomni;
oraque vana movet, dentemque in dente fatigat;
exercetque cibo deluſum guttur inani,
proque epulis tenues nequicquam devorat auras.
Ut verò eſt expulſa quies, furit ardor edendi,
perque avidas fauces immenſaque viſcera regnat.
Nec mora, quod pontus, quod terra, quod educat aër,
poſcit, & appoſitis queritur jejunia menſis;
inque epulis epulas quærit. Quodque urbibus eſſe,
quodque ſatis poterat populo, non ſufficit uni.
Pluſque cupit, quo plura ſuum demittit in alvum.
Utque fretum recipit de totâ flumina terrâ,
nec ſatiatur aquis, peregrinoſque ebibit amnes;
utque rapax ignis non unquam alimenta recuſat,
innumeraſque faces cremat, & quo copia major
eſt data, plura petit, turbâque voracior ipſâ eſt;
ſic epulas omnes Ereſichtonis ora profani,

ardeur dans ſes veines. L'ordre exécuté, elle abandonne un climat trop fertile, & fuit dans ſon déſert, ſéjour de la ſtérilité.

Le doux Sommeil, avec ſes plumes légères, careſſoit encore Éréſichton, & déjà, dans l'erreur d'un ſonge, l'infortuné cherche à manger. Il remue vainement la bouche, & fatigue ſes dents. Son palais abuſé ſavoure des mets imaginaires, & *capte* en vain l'air qui s'échappe. A ſon réveil, la faim s'allume dans ſon goſier, & pénètre juſqu'au fond de ſes entrailles. Auſſitôt il ſe fait apporter tout ce que produiſent l'air, la terre & la mer, & devant une table couverte d'alimens, il ſe plaint de la diſette. Entouré de mets, il en cherche encore d'autres; & plus il en conſume, plus il en deſire. Ce qui ſuffiroit à des villes, à des peuples, ne ſuffit pas à un ſeul. Tel que l'Océan, qui reçoit tous les fleuves & boit toutes les eaux de la terre ſans jamais ſe remplir; ou tel qu'un feu dévaſtant, qui n'épargne rien, qui brûle des torches ſans nombre, & s'enflamme d'autant plus qu'on le nourrit davantage; tel le profane Éréſichton dévore & demande à la fois tous les mets: ce qu'il mange l'excite à manger,

& l'abîme qu'il comble ſe vide en même temps.

Déjà, pour remplir ce gouffre inſatiable, il avoit épuiſé le tréſor paternel; mais rien encore, Faim cruelle, n'avoit épuiſé tes forces, & ſes implacables entrailles n'en étoient que plus irritées. Enfin ruiné, réduit à la misère, il lui reſtoit une fille, digne d'un meilleur père.......

accipiunt poscuntque simul. Cibus omnis in illo
causa cibi est, semperque locus fit inanis edendo.

Jamque fame patrias altique voragine ventris
attenuarat opes; sed inattenuata manebas
tum quoque, dira Fames, implacatæque vigebat
flamma gulæ. Tandem, demisso in viscera censu,
filia restabat, non illo digna parente......

COMPARAISON

DE

LA FABLE D'OVIDE

AVEC

L'HYMNE DE CALLIMAQUE.

COMPARAISON
DE LA FABLE D'OVIDE
AVEC
L'HYMNE DE CALLIMAQUE.

L'ESPÈCE de diſcuſſion dans laquelle je vais entrer, demande autant d'impartialité de la part du lecteur que de la mienne. Pour en apprécier la juſteſſe, il faut être également verſé dans la connoiſſance des deux langues, ou ne juger les deux Poëtes que ſur la traduction. Je ſais qu'ils perdent beaucoup en paſſant par mes mains, & que la verſion françoiſe eſt auſſi loin de la noble & majeſtueuſe ſimplicité du grec, que de la grâce & de l'élégance du latin. Toutefois, ſi je ne m'abuſe, à travers ce voile obſcur, on peut apercevoir du premier coup d'œil la différence eſſentielle qui diſtingue, ſelon moi, Callimaque d'avec Ovide; c'eſt-à-dire, l'attention continuelle du premier à ne point s'écarter de la Nature, & le penchant viſible de l'autre à faire briller ſon imagination. Mais afin de mettre plus d'ordre dans ce parallèle, examinons d'abord ce que les deux Poëtes ont de commun; nous considérerons ensuite les traits particuliers qui les caractérisent.

PREMIÈRE PARTIE.

I. CE qui se présente en premier lieu, c'est la description du bois consacré à Cérès, & de l'arbre sur lequel Éréfichton porta un fer sacrilége. Ici les deux Poëtes me paroissent égaux. J'admire l'énergie d'Ovide, lorsqu'en parlant de cet arbre, il dit en deux mots ce que ma version n'exprime qu'en cinq;

una nemus . . . .
lui seul étoit une forêt. . . . .

J'aime également Callimaque qui, en parlant du même arbre, s'exprime avec la même force & la même concision:

. . . . αἰθέρι κῦρον
qui touchoit jusqu'aux Astres.

Ovide, il est vrai, décrit mieux la danse des Dryades autour de cet arbre:

Sæpe sub hâc Dryades festas duxêre Choreas;
Sæpe etiam, manibus nexis ex ordine, trunci

circumière modum; mensuraque roboris ulnas
quinque ter implebat.

Souvent on voyoit les Dryades danser à l'ombre de ses feuilles. Souvent, les mains enlacées, elles entouroient son tronc, que trente bras pouvoient à peine embrasser.

Callimaque se contente de dire:

Τῶ δ' ἔπι ταὶ Νύμφαι ποτὶ τ' ὤνδιον ἐψιόωντο·

Son ombre, à midi, favorisoit les jeux des Dryades.

Mais, en revanche, celui-ci, lorsqu'il décrit le boccage, est d'une richesse qu'Ovide n'a pas même tenté d'imiter:

...... καλὸν ἄλσος..............
δένδρεσιν ἀμφιλαφές· διὰ κεν μόλις ἦλθεν ὀϊστός.
Ἐν πίτυς, ἐν μεγάλαι πτελέαι ἔσαν, ἐν δὲ καὶ ὄχναι,
ἐν δὲ καλὰ γλυκύμαλα· τὸ δ', ὥστ' ἀλέκτρινον, ὕδωρ
ἐξ ἀμαρᾶν ἀνέθυε.

.... On y voyoit un bois délicieux, planté d'arbres touffus, entre lesquels à peine une flèche eût passé. Là, parmi les pins & les ormes altiers, les poiriers s'enlaçoient aux pommiers; & du sein des rocailles jaillissoit une onde pareille au cristal le plus pur.

Pour augmenter le crime d'Éréfichton, Callimaque ajoute:

.... θεὰ δ' ἐπεμαίνετο χώρῳ,
ὅσσον Ἐλευσῖνι, Τριόπῳ θ' ὅσον, ὁκκόσον Ἔννᾳ.

Éprise d'un lieu si charmant, Cérès l'aimoit autant qu'Éleusis, que Tripion & qu'Enna.

Mais j'avoue que c'est un équivalent trop foible à ce qu'Ovide dit du chêne avec le même dessein:

..... vittæ mediam, memoresque tabellæ,
sertaque cingebant, voti argumenta potentis.

Ceint de bandelettes & de guirlandes, chargé d'offrandes, il attestoit les bienfaits de la Déesse.

II. Le second trait de ressemblance qu'on aperçoit dans les deux récits, est au moment où Éréfichton se livre à la colère contre ceux qui veulent le détourner de son projet. Dans cet endroit, je crois que Callimaque l'emporte sur Ovide. J'aime mieux me représenter la Déesse essayant elle-même, sous les traits de Nicippe, d'arrêter un furieux prêt à tomber dans l'abîme, & conservant ainsi le caractère essentiel de la divinité, qui est de balancer long-temps avant de frapper; que de voir un esclave qui s'effraye d'un prodige, & qui veut communiquer sa crainte à son maître. De plus, on ne trouve point dans Ovide le discours touchant de la fausse Nicippe, qui remet sous les yeux d'Éréfichton le danger qu'il court lui-même, &

la peine qu'il peut cauſer à des parens dont il eſt chéri :

τέκνον, ὅτις τὰ θεοῖσιν ἀνειμένα δένδρεα κόπτεις,
τέκνον, ἐλίνυσον· τέκνον πολύθεστε τοκεῦσι,
παύεο, καὶ θεράποντας ἀπότρεπε· μή τι χαλεφθῇ
πότνια Δαμάτηρ, τᾶς ἱερὸν ἐκκεραΐζεις.

Jeune homme qui briſes des arbres conſacrés aux Dieux, o mon fils, arrête; retiens tes eſclaves; cher eſpoir de ta famille, o mon fils, crains d'irriter Cérès dont tu dévaſtes ainſi le boccage.

J'ajoute que le meurtre de l'eſclave eſt un mouvement trop furieux. Je conviendrai pourtant que, par cela même, le caractère d'Éréſichton a plus de force, & qu'il en devient plus odieux. D'ailleurs, cette action eſt exprimée avec une rapidité ſingulière par Ovide :

aſpicit hunc; Mentiſque piæ cape præmia, dixit
Theſſalus, inque virum convertit ab arbore ferrum,
detruncatque caput, repetitaque robora cædit.

Éréſichton le voit : Tiens, dit-il, reçois le prix de ton zèle; & détournant ſa hache, il abat ce malheureux d'un ſeul coup, & pourſuit ſon ouvrage.

Mais je dirai que la ſimple menace qu'Éréſichton, chez Callimaque, fait à Nicippe, me paroît plus dans l'ordre naturel; & que la comparaiſon tout-à-fait Homérique de la lionne eſt une peinture qui ne le cède point, quant au mérite de l'expreſſion, à celle du meurtre de l'eſclave :

> τὰν δ' ἄρ' ὑποβλέψας χαλεπώτερον, ἠὲ κυναγὸν
> ὤρεσιν ἐν Τμαρίοισιν ὑποβλέπει ἄνδρα λέαινα
> ὠμοτόκος.
>
> Mais lui, avec des yeux plus furieux que ceux d'une lionne, ſurpriſe dans les forêts du Tomare, à l'inſtant d'un cruel accouchement.

Car on s'apercevra bien, ſans mon aveu, de l'infériorité de la verſion, dans laquelle je n'ai pu rendre que par une périphraſe le mot *ὠμοτόκος*. Telle eſt en effet la force de ce mot, qu'il ſignifie, *qui accouche cruellement*, & qu'il repréſente la lionne dans les douleurs de l'accouchement; douleurs que les Anciens croyoient être extrêmes, puiſqu'ils étoient perſuadés, quoique fauſſement, que la lionne ne portoit qu'une fois, & que les lionceaux, en ſortant du ventre de leur mère, le déchiroient avec leurs ongles.

Vient enſuite le moment où les deux Poëtes repréſentent Cérès irritée, ſe décidant à la vengeance. On peut dire qu'ils ont décrit l'un & l'autre ce moment d'une manière digne de la Déesse. Chez Ovide, Cérès, pour consoler ses Nymphes,

> *annuit his ; capitisque sui pulcherrima motu*
> *concussit gravidis oneratos messibus agros.*
>
> Cérès jure de les venger, & d'un signe de sa tête elle ébranla la terre avec ses moissons jaunissantes.

Dans Callimaque :

> Δαμάτηρ δ' ἄφατόν τι κοτέσσατο· γείνατο δ' ἁ θεῦς·
> ἴθματα μὲν χέρσω, κεφαλὰ δέ οἱ ἅψατ' Ὀλύμπω.
>
> Soudain Cérès en fureur se montra toute entière; ses pieds touchent à la terre, & sa tête à l'Olympe.

Je crois pourtant qu'on peut sans partialité adjuger la palme au Grec; son idée me paroît plus grande, & d'ailleurs, chez lui l'expression du langage répond parfaitement à la majesté de l'idée. Au lieu que dans Ovide, l'épithète de *Pulcherrima, charmante*, semble bien foible, pour ne pas dire déplacée, eu égard à l'effet qu'il veut décrire; ce qui m'a porté à la supprimer dans la version. Qu'on ne m'objecte point que le Poëte grec a pris son idée dans Homère, qui dit, en parlant de la Discorde:

> ἥτ' ὀλίγη μὲν πρῶτα κορύσσεται, αὐτὰρ ἔπειτα
> οὐρανῷ ἐστήριξε κάρη, καὶ ἐπὶ χθονὶ βαίνει.
>
> Elle rampe, & bientôt, levant son front d'airain,

porte ſa tête aux cieux, & marche ſur la terre *(1)*.

Cette eſpèce de plagiat, ſuppoſé que c'en fût un, pourroit diminuer le mérite de Callimaque conſidéré comme génie créateur, mais non de Callimaque conſidéré comme rival d'Ovide, puiſque celui-ci paroît avoir puiſé dans la même ſource, & qu'on reconnoît également ſon idée dans cet autre endroit de l'Iliade où Homère dit de Jupiter:

ἦ, καὶ κυανέῃσιν ἐπ' ὀφρύσι νεῦσε Κρονίων,
. . . . μέγαν δ' ἐλέλιξεν Ὄλυμπον.

Il dit, & d'un ſigne de ſes noirs ſourcils il ébranla tout l'Olympe.

III. Le dernier trait que les deux Poëtes ont de commun, c'eſt la deſcription de l'inſatiable avidité d'Éréſichton. Scaliger affirme que dans ces détails Ovide eſt bien ſupérieur, non-ſeulement à Callimaque, mais à tous les Poëtes Grecs qui ont fait quelque choſe en ce genre: *In his omnibus vides vim ſententiarum, quam nemo eſt Græcorum conſequutus.* J'oſe être d'un avis différent; & ne prenant dans Ovide que

---

(1) Ces deux vers ſont de la traduction de M. de Rochefort.

les traits cités par Scaliger, je crois pouvoir en en opposer d'équivalens, peut-être même de supérieurs, de la part du Poëte grec.

Que peut-on comparer à ceci, dit Scaliger!

Inque epulis epulas quærit..........

Au milieu des mets il cherche des mets...

Et ailleurs:

sic epulas omnes Eresichtonis ora prophani
accipiunt poscuntque simul...........

Tel le profane Éréfichton dévore & demande à la fois tous les mets.....

Plus loin encore:

.... cibus omnis in illo
causa cibi est, semperque locus fit inanis edendo.

Ce qu'il mange l'excite à manger; le gouffre se remplit & se vide en même-temps.

Je réponds que Callimaque me paroît avoir la même force & la même rapidité lorsqu'il dit :

...... ὅσσα πάσαιτο, τόσων ἔχεν ἵμερος αὖτις.

Plus il mange, plus il désire de manger.

Et je crois qu'il est supérieur quand il dit ensuite,

ἐνδόμυχος δ' ἤπειτα πανάμερος εἰλαπιναστὰς
ἤσθιε μυρία πάντα· κακὰ δ' ἐξάλλετο γαστὴρ
αἰεὶ μᾶλλον ἔδοντι·

Cependant au fond de son palais, passant les

jours à table, il dévore mille & mille mets. Plus il mange, plus s'irritent ſes entrailles.

J'ajoute aux endroits d'Ovide, cités par Scaliger, la comparaiſon d'Éréſichton avec l'Océan :

utque fretum recipit de totâ flumina terrâ,
nec ſatiatur aquis, peregrinoſque ebibit amnes....

Tel que l'Océan reçoit tous les fleuves, &, ſans ſe remplir, boit toutes les eaux de la terre.

Et je trouve que Callimaque exprime au moins auſſi-bien, peut-être même avec plus de préciſion, une comparaiſon du même genre.

. . . . τὰ δ' ἐς βυθὸν οἷα θαλάσσας
ἀλεμάτως ἀχάριστα κατέρρεεν εἴδατα πάντα.

Tous les alimens y ſont engloutis ſans effet, comme au fond de l'abîme des mers.

IV. De ce parallèle il réſulte, ſelon moi, que les deux Poëtes, dans les détails qui leur ſont communs, ſont parfaitement égaux en beautés; j'ajouterois, preſque, en défauts. Il ſemble en effet qu'on pourroit les accuſer l'un & l'autre de revenir pluſieurs fois ſur la même idée, & de ne varier que l'expreſſion. Je voudrois, par exemple, qu'Ovide, à la comparaiſon que je viens de citer, n'eût point ajouté celle-ci:

atque rapax ignis non unquam alimenta recuſat,
innumeraſque faces cremat; & quò copia major
eſt data, plura petit, turbâque voracior ipſâ eſt.

Ou, tel qu'un feu dévorant conſume tout, brûle des torches ſans nombre, s'allume d'autant plus qu'on le nourrit, & s'irrite par les alimens même, &c.

Ce ſecond membre, malgré tout le mérite de l'expreſſion, me paroît être inutile après le premier, ou rendre celui-ci ſuperflu, & par conſéquent devoir être mis au nombre de ces ornemens *ambitieux* qu'Horace ordonne de retrancher; *ambitioſa recîdet ornamenta.*

J'oſe deſapprouver également Callimaque d'avoir ajouté un ſecond membre à la comparaiſon de la neige:

ὡς δὲ Μίμαντι χιών, ὡς ἀελίῳ ἔνι πλαγγών, &c.

Tel que la neige du Mimas, ou tel que la cire, &c.

d'autant qu'ici la richeſſe de l'expreſſion ne l'excuſe point, à mon avis, comme elle excuſe Ovide. Mais je lui reprocherois encore plus, lorſqu'il expoſe les prétextes dont la mère d'Éréſichton ſe ſervoit pour cacher l'état de ſon fils, d'être tombé dans des répétitions qui déparent un peu la peinture naïve & touchante de l'embarras où se trouvoit cette femme infortunée ; morceau si approchant, à mon avis, de la Nature, que je le préférerois presque à la description imaginaire & poëtique de la Faim personnifiée, malgré les beautés dont ce portrait étincelle. Car après avoir examiné les endroits où les deux Poëtes ont présenté les mêmes idées, il faut opposer entr'eux les traits qui n'ont aucune ressemblance. Je vais encore, à cet effet, rapporter les propres termes de Scaliger, & hasarder de combattre son jugement.

SECONDE PARTIE.

I. « OVIDE, nous dit Scaliger, embellit ce que l'autre raconte simplement » : *Cæterum, nudis ille rebus addidit ornamenta.* Il rappelle en preuve les plaintes de la Nymphe cachée dans le chêne :

Nympha sub hoc ego sum Cereri gratissima ligno ;
quæ tibi factorum pœnas instare tuorum
vaticinor moriens, nostri solatia leti.

Ce bois cachoit une Nymphe chère à Cérès, & bientôt tu subiras la peine qui t'est dûe. C'est l'espoir que j'emporte en mourant.

Callimaque n'a point cette fiction. Chez lui, ſimplement, le peuplier,

. . . . κακὸν μέλος ἴαχεν ἄλλαις·

donne en gémiſſant un triſte ſignal aux autres arbres.

II. Scaliger cite encore la deſcription du premier effet de la faim ſur Éréſichton:

lenis adhuc ſomnus placidis Ereſichtona pennis
mulcebat; petit ille dapes ſub imagine ſomni,
oraque vana movet, dentemque in dente fatigat,
exercetque cibo deluſum guttur inani,
proque epulis tenues necquicquam devorat auras.

Le doux ſommeil, avec ſes plumes légères, careſſoit encore Éréſichton; & déjà l'infortuné, dans l'erreur d'un ſonge, cherche à manger. Il remue la bouche, & fatigue en vain ſes dents. Son palais abuſé ſavoure des mets imaginaires, & *capte* vainement l'air qui s'échappe.

III. Quant au portrait de la Faim perſonifiée, c'eſt une beauté, qui ſeule, au jugement de Scaliger, met Ovide au-deſſus de toute comparaiſon avec ſon rival. Mais, ſans répondre, avec le ſavant Éditeur de Callimaque, qu'on ne doit point dire que ce Poëte ait été ſurpaſſé dans une choſe qu'il n'a ni dû, ni voulu tenter, parce que ſon ouvrage ne comportoit ni les mêmes ornemens, ni les mêmes fictions que celui d'Ovide ; je demande si cette fiction même fait autant d'honneur au goût du Poëte latin, qu'à son imagination. Pourroit-on accuser d'injustice celui qui trouveroit un défaut essentiel dans le passage fréquent qu'on y remarque du physique au moral ? celui qui taxeroit de puérilités les jeux de mots que ce changement occasionne, en présentant les noms de la Faim & de Cérès, tantôt au propre, tantôt au figuré ? comme, par exemple, en cet endroit :

.... quæ quatenus ipsi
non adeunda Deæ ; (neque enim Cereremque Famemque
Fata coïre sinunt) ....

Ne pouvant porter elle-même ses ordres à la Faim ; (car le Destin a séparé pour jamais Cérès & la Faim.)

Et plus loin, par une répétition trop sensible :

dicta Fames Cereris, quamvis contraria semper
illius est operi, peragit......

Cependant la Faim, quoique toujours contraire à Cérès, exécute ses ordres.

Ajoutons encore ce que le Poëte dit de la Nymphe qui étoit allée trouver la Faim par l'ordre de Cérès :

. . . . paulùmque morata,
quanquam aberat longè, quanquam modo venerat illuc,
visa tamen sensisse famem.

Elle ne s'arrêta qu'un instant, & quoiqu'elle n'eût pas approché de la Faim, elle crut toutefois en avoir senti les atteintes.

Et s'il falloit discuter à fond la justesse de cette allégorie, ne trouveroit-on pas une contradiction sensible à faire sentir la faim à Éréfichton? après avoir dit:

Junctaque mandato, fecundum deserit orbem,
inque domos inopes assueta revertitur arva.

L'ordre exécuté, la Faim abandonne un climat trop fertile, & fuit dans son désert, séjour de la stérilité.

IV. Dans Callimaque on ne voit point, il est vrai, cet effort d'imagination; mais, en dédommagement, avec quelle vérité, avec quelle noble & touchante simplicité n'a-t-il pas exprimé la douleur de la mère d'Éréfichton, de ses sœurs, de sa nourrice & de ses esclaves! Quelle force & quelle éloquence dans les reproches que Triopas fait à Neptune!

Ψευδοπάτωρ, ἴδε τόνδε τεῦ τρίτον· εἴπερ ἐγὼν μὲν
σεῦ τε καὶ Αἰολίδος Κανάκης γένος· αὐτὰρ ἐμεῖο
τοῦτο τὸ δείλαιον γένετο βρέφος. . . . .

Non, tu n'es point mon père; ou, s'il est vrai

que je ſois né de toi & de la fille d'Aéole, vois donc l'infortuné qui doit te nommer ſon aïeul, puiſque c'eſt moi qui lui donnai le jour, &c.

V. Peut-on nier d'ailleurs qu'il ſuit mieux les convenances que ſon rival: *ſibi convenientia fingit?* N'eſt-il pas plus digne de Cérès de lui faire connoître par elle-même *l'injure faite à ſon bois chéri*,

ἤσθετο Δαμάτηρ ὅτι οἱ ξύλον ἱερὸν ἀλγεῖ·

que de ſuppoſer qu'elle ne l'apprend que par la bouche de ſes Nymphes?

attonitæ Dryades damno nemoriſque ſuæque
omnes germanæ, Cererem cum veſtibus atris
mœrentes adeunt. . . . .

Épouvantées du deſaſtre de la forêt & de leur ſœur, les Dryades en deuil portent leurs plaintes à Cérès.

VI. Ne doit-on pas auſſi tenir compte au Poëte grec de l'apoſtrophe animée qu'il met dans la bouche de Cérès, & qui eſt ſuivie, ou plutôt accompagnée du ſupplice?

ναὶ, ναὶ, τεύχεο δῶμα, κύον, κύον, ᾧ ἔνι δαῖτας
ποιησεῖς· θαμιναὶ γὰρ ἐς ὕστερον εἰλαπίναι τοι.
Ἃ μὲν τόσσ' εἰποῖσ' . . . .

Vas, inſolent, vas bâtir le palais où tu feras

des feſtins : certes il t'en faudra ſouvent célébrer deſormais. Elle n'en dit pas plus, &c.

En quoi il me paroît d'autant ſupérieur au Poëte latin, que, par la rapidité de ſon récit il a mieux mérité cette louange d'Horace, ſi précieuſe pour tout ce qui tient à l'Épopée, *ſemper ad eventum feſtinat.*

VII. Scaliger prétend que Callimaque, aride & ſec dans tout le reſte, n'eſt abondant que dans les détails de la faim d'Éréſichton, qu'il repréſente dévorant tout,

καὶ τὰν αἴλουρον, τὰν ἔτρεμε θηρία μικκά·

juſqu'au chat que redoute la vermine.

Et il loue Ovide de les avoir retranchés. Pour moi, j'avoue que ces détails même me paroiſſent charmans; parce qu'ils peignent la Nature ; parce qu'ils donnent au récit d'une fable l'air d'une hiſtoire véritable ; parce qu'ils attachent le lecteur, & que, dans toute eſpèce de peinture, on ſe laſſe plus tôt de conſidérer des tableaux brillans & fantaſtiques, que des tableaux ſimples & naturels.

Tel eſt le jugement que j'ai porté en

étudiant ces deux morceaux. Si mes lumières & mon goût ont mal ſervi mon impartialité, l'on ne pourra du moins me reprocher d'avoir oublié la maxime de Quintilien: *Modeſtè de tantis viris pronuntiandum eſt.*

HYMNE QUATRIÈME.

EN

L'HONNEUR D'APOLLON.

IV.

ΕΙΣ ΤΟΝ ΑΠΟΛΛΩΝΑ.

ΟἿΟΝ ὁ τὠ'πόλλωνος ἐσείσατο δάφνινος ὅρπηξ,
οἷα δ' ὅλον τὸ μέλαθρον· ἑκὰς, ἑκὰς, ὅστις ἀλιτρός.
Καὶ δήπου τὰ θύρετρα καλῷ ποδὶ Φοῖβος ἀράσσει·
οὐχ ὁράας; Ἐπένευσεν ὁ Δήλιος ἡδύ τι φοῖνιξ
ἐξαπίνης, ὁ δὲ κύκνος ἐν ἠέρι καλὸν ἀείδει.
Αὐτοὶ νῦν κατοχῆες ἀνακλίνεσθε πυλάων,
αὐταὶ δὲ κληῖδες· ὁ γὰρ θεὸς οὐκέτι μακράν.
Οἱ δὲ νέοι, μολπήν τε καὶ ἐς χορὸν ἐντύνεσθε.

Ὡ'πόλλων οὐ παντὶ φαείνεται, ἀλλ' ὅ τις ἐσθλός.
Ὅς μιν ἴδῃ, μέγας οὗτος· ὃς οὐκ ἴδε, λιτὸς ἐκεῖνος.
Ὀψόμεθ', ὦ Ἑκάεργε, καὶ ἐσσόμεθ' οὔποτε λιτοί.

Μήτε σιωπηλὴν κίθαριν, μήτ' ἄψοφον ἴχνος
τοῦ Φοίβου τοὺς παῖδας ἔχειν ἐπιδημήσαντος,

(1) Le savant Commentateur à qui nous devons la dernière édition de Callimaque, fait observer, avec raison, dans ses notes, que le poëte Grec s'est servi exprès du vers

HYMNE QUATRIÈME.

EN L'HONNEUR D'APOLLON.

CIEL! comme le laurier d'Apollon eſt agité! comme le Temple entier eſt ébranlé! Loin, loin d'ici, profanes. Déjà Phœbus de ſon pied divin a touché le ſeuil de la porte. Ne le voyez-vous pas? Déjà le palmier de Délos l'a ſalué par un doux frémiſſement; déjà le cygne a rempli l'air de ſes chants. Tombez, verroux; tombez, barreaux; le Dieu approche: & vous, jeunes hommes, préparez vos concerts & vos danſes.

Ce n'eſt point à tous indifféremment, mais au Juſte ſeul, qu'Apollon ſe manifeſte. Qui le voit, eſt grand; qui ne le voit point, eſt petit. Je te verrai, Dieu terrible, & ſerai toujours grand.

Enfans, voulez-vous parvenir aux jours de l'hymen? voulez-vous atteindre l'âge où les cheveux blanchiſſent, & bâtir ſur des fondemens durables? Aujourd'hui que Phœbus *(1)*

ſpondaïque τȣ̃ Φοίϐȣ . . . . . ἐπιδημήσαντος, *aujourd'hui que Phœbus viſite ces lieux*, pour exprimer avec plus

viſite ces lieux, faites entendre le ſon de vos lyres & le bruit de vos pas cadencés.....

Honneur à ces enfans, puiſque leurs lyres ne ſont plus oiſives!

Silence. Écoutez les louanges d'Apollon. La mer même ſe tait, lorſqu'on chante les armes du Dieu de Lycorée, les flèches & la lyre. IO PŒAN, IO PŒAN! A ce cri, Thétis ceſſe de pleurer ſon Achille; & ce roc humide, inébranlablement fixé dans la Phrygie *(1)*; ce marbre qui fut femme, & qui ſemble jeter encore le cri de la douleur, ſuſpend le cours de ſes larmes.

IO PŒAN! Chantez tous, IO PŒAN! Malheur à qui lutte contre les Dieux! Que celui qui brave les Dieux, brave donc auſſi

---

de majeſté l'approche du Dieu. C'eſt une beauté, & malheureuſement ce n'eſt pas la ſeule, qui eſt perdue pour ceux qui ne liſent que la traduction.

(1) La roche de Niobé. M. Erneſti remarque encore, dans cet endroit, l'emploi judicieux que le Poëte a fait du vers ſpondaïque λίθος ἐστήρικται. Ici l'expreſſion françoiſe, *inébranlablement fixé*, s'éloigne moins que dans

εἰ τελέειν μέλλουσι γάμον, πολιὴν τε κερσάσθαι,
ἑστήξειν δὲ τὸ τεῖχος ἐπ' ἀρχαίοισι θεμέθλοις.

Ἠγασάμην τοὺς παῖδας, ἐπεὶ χέλυς οὐκέτ' ἀεργός.

Εὐφημεῖτ' ἀΐοντες ἐπ' Ἀπόλλωνος ἀοιδῇ.
Εὐφημεῖ καὶ πόντος, ὅτε κλείουσιν ἀοιδοὶ
ἢ κίθαριν, ἢ τόξα, Λυκωρέος ἔντεα Φοίβου.
Οὐδὲ Θέτις Ἀχιλῆα κινύρεται αἴλινα μήτηρ,
ὁππότ' ΙΗ ΠΑΙΗΟΝ, ΙΗ ΠΑΙΗΟΝ ἀκούσῃ·
καὶ μὲν ὁ δακρυόεις ἀναβάλλεται ἄλγεα πέτρος,
ὅς τις ἐνὶ Φρυγίῃ διερὸς λίθος ἐστήρικται,
μάρμαρον ἀντὶ γυναικὸς ὀϊζυρόν τι χανούσης.

ΙΗ, ΙΗ φθέγγεσθε· κακὸν μακάρεσσιν ἐρίζειν.

---

l'occasion précédente, de la majesté de l'expression grecque. Mais, comme s'il eût été à craindre que le traducteur ne s'enorgueillît d'avoir pu se soutenir une fois à côté de son modèle, le vers suivant,

μάρμαρον ἀντὶ γυναικὸς ὀϊζυρόν τι χανούσης,

présente un tableau que je n'ai jamais pu copier dans ma version, & forme même un sens littéral, impossible, ce me semble, à rendre exactement, si ce n'est en latin: *Marmor pro muliere miserabile quid hiante.*

Ὅς μάχεται μακάρεσσιν, ἐμῷ βασιλῆϊ μάχοιτο.
Ὅς τις ἐμῷ βασιλῆϊ, καὶ Ἀπόλλωνι μάχοιτο.

Τὸν χορὸν ὦ 'πόλλων, ὅτι οἱ κατὰ θυμὸν ἀείδει,
τιμήσει· δύναται γὰρ, ἐπεὶ Διῒ δεξιὸς ἧσται.
Οὐδ' ὁ χορὸς τὸν Φοῖβον ἐφ' ἓν μόνον ἦμαρ ἀείσει·
ἔστι γὰρ εὔϋμνος· τίς ἂν οὐ ῥέα Φοῖβον ἀείδοι;

Χρύσεα τῷ 'πόλλωνι τό τ' ἐνδυτὸν, ἥ τ' ἐπιπορπὶς,
ἥ τε λύρη, τό τ' ἄεμμα τὸ Λύκτιον, ἥ τε φαρέτρη·
χρύσεα καὶ τὰ πέδιλα· πολύχρυσος γὰρ Ἀπόλλων,
καί τε πολυκτέανος· Πυθῶνί κε τεκμήραιο.

Καί κεν ἀεὶ καλὸς καὶ ἀεὶ νέος. Οὔποτε Φοίβου
θηλείαις, οὐδ' ὅσσον, ἐπὶ χνόος ἦλθε παρειαῖς.
Αἱ δὲ κόμαι θυόεντα πέδῳ λείβουσιν ἔλαια.
Οὐ λίπος Ἀπόλλωνος ἀποστάζουσιν ἔθειραι,
ἀλλ' αὐτὴν πανάκειαν. Ἐν ἄστεϊ δ' ᾧ κεν ἐκεῖναι
πρῶκες ἔραζε πέσωσιν, ἀκήρια πάντ' ἐγένοντο.

---

(1) Flatterie impardonnable, & plus capable d'offenſer les Dieux que de plaire à un Prince raiſonnable. Je ſens bien que cette tournure répétée, *que celui qui*, indépendamment de la cacophonie des mots, paroîtra peut-être peu élégante aux

mon Roi ! Que celui qui brave mon Roi, brave donc auſſi les Dieux *(1)*.

Si vos chants plaiſent à Phœbus, il vous comblera de gloire ; il le peut, car il s'aſſied à la droite de Jupiter. Mais un jour eſt trop peu pour chanter Apollon ; la carrière eſt vaſte. Eh ! qui peut ceſſer de chanter Apollon ?

La tunique d'Apollon eſt d'or ; ſon agraffe, ſa lyre, ſon arc, ſon carquois & ſes brodequins ſont d'or. L'or & les richeſſes brillent autour de lui ; j'en atteſte Pytho *(2)*.

Toujours jeune, toujours beau, jamais le moindre duvet n'ombragea les tendres joues d'Apollon. De ſa chevelure découle une eſſence parfumée : mais non, ce ne ſont point des parfums ; c'eſt la PANACÉE *(3)* même, qui diſtille des cheveux d'Apollon. Heureux le ſol que ce baume humectera ! il n'y croîtra que des germes ſalutaires.

---

lecteurs François ; mais c'eſt la ſeule que j'aie pu trouver qui ne s'éloignât point trop de la préciſion du grec.

(2) C'eſt-à-dire le temple de Pytho ou de Delphes.

(3) Mot grec qui ſignifie littéralement, *remède à tout.*

Nul ne réunit autant d'arts qu'Apollon: il eſt le dieu des Archers & des Poëtes; car le Deſtin lui a donné les flèches & la lyre. Il eſt le Dieu des ſorts & des augures: de lui les Médecins ont appris à retarder la mort.

Nous l'appelons auſſi NOMIUS *(1)*, depuis que ſur les bords de l'Amphryſe *(2)*, l'Amour lui fit prendre ſoin des cavales d'Admète. Qu'aiſément ſous les yeux d'Apollon un troupeau ſe féconde! Les taureaux s'y multiplient, les chèvres n'y ſont jamais ſans chevreaux, ni les brebis ſans lait & ſans agneaux; & celle qui n'en eût porté qu'un, en porte toujours deux.

O Phœbus! ſous tes auſpices s'élèvent les villes; car tu te plais à les voir ſe former, & toi-même en poſes les fondemens. Dès l'âge de quatre ans tu conſtruiſis ſur les bords du lac charmant d'Ortygie *(3)*, le premier édifice qu'aient vu les mortels. Diane te rapportoit

---

(1) Autre mot grec qui ſignifie littéralement, *paſteur.*

(2) Fleuve de Theſſalie.

Τέχνῃ δ' ἀμφιλαφὴς οὔτις τόσον, ὅσον Ἀπόλλων.
κεῖνος ὀϊστευτὴν ἔλαχ' ἀνέρα, κεῖνος ἀοιδόν·
Φοίβῳ γὰρ καὶ τόξον ἐπιτρέπεται καὶ ἀοιδή.
Κείνου δὲ θειαὶ, καὶ μάντιες· ἐκ δέ νυ Φοίβου
ἰητροὶ δεδάασιν ἀνάβλησιν θανάτοιο.

Φοῖβον καὶ ΝΟΜΙΟΝ κικλήσκομεν, ἐξέτι κείνου,
ἐξότ' ἐπ' Ἀμφρυσῷ ζευγήτιδας ἔτρεφεν ἵππους,
ἠϊθέου ὑπ' ἔρωτι κεκαυμένος Ἀδμήτοιο.
Ῥεῖά κε βουβόσιον τελέθοι πλέον, οὐδέ κεν αἶγες
δεύοιντο βρεφέων ἔπι μηκάδες, ᾗσιν Ἀπόλλων
βοσκομένῃς ὀφθαλμὸν ἐπήγαγεν· οὐδ' ἀγάλακτες
οἴϊες, οὐδ' ἄκυθοι, πᾶσαι δέ κεν εἶεν ὕπαρνοι·
ἡ δέ κε μουνοτόκος, διδυματόκος αἶψα γένοιτο.

Φοίβῳ δ' ἑσπόμενοι πόλιας διεμετρήσαντο
ἄνθρωποι· Φοῖβος γὰρ ἀεὶ πολίεσσι φιληδεῖ
κτιζομένῃς, αὐτὸς δ' ὃ θεμείλια Φοῖβος ὑφαίνει.
Τετραέτης τὰ πρῶτα θεμείλια Φοῖβος ἔπηξε
καλῇ ἐν Ὀρτυγίῃ, περιηγέος ἐγγύθι λίμνης.

---

(3) Nom que les Anciens donnoient ſouvent à l'île de Délos.

Ἄρτεμις ἀγρώσσουσα καρήατα συνεχὲς αἰγῶν
Κυνθιάδων φορέεσκεν, ὁ δ' ἔπλεκε βωμὸν Ἀπόλλων.
Δείματο μὲν κεράεσσιν ἐδέθλια, πῆξε δὲ βωμὸν
ἐκ κεράων, κεραοὺς δὲ πέριξ ἐπεβάλλετο τοίχους.
Ὧδ' ἔμαθεν τὰ πρῶτα θεμείλια Φοῖβος ἐγείρειν.
Φοῖβος καὶ βαθύγειον ἐμὴν πόλιν ἔφρασε Βάττῳ·
καὶ Λιβύην ἐσιόντι κόραξ ἡγήσατο λαῷ,
δεξιὸς οἰκιστήρ· καὶ ὤμοσε τείχεα δώσειν
ἡμετέροις βασιλεῦσιν· ἀεὶ δ' εὔορκος Ἀπόλλων.

Ὦ 'πολλον, πολλοί σε ΒΟΗΔΡΟΜΙΟΝ καλέουσι,
πολλοὶ δὲ ΚΛΑΡΙΟΝ· πάντη δέ τοι οὔνομα πουλύ·
αὐτὰρ ἐγὼ ΚΑΡΝΕΙΟΝ· ἐμοὶ πατρώϊον οὕτω.

Σπάρτη τοι, Καρνεῖε, τό γε πρώτιστον ἕδεθλον,
δεύτερον αὖ Θήρη, τρίτατόν γε μὲν ἄστυ Κυρήνης.

---

(1) Autel fameux que les Anciens avoient mis au rang des ſept merveilles du monde.

(2) L'hiſtoire fabuleuſe de Battus & de la fondation de Cyrène, eſt trop connue pour en rappeler ici les particularités.

(3) C'eſt-à-dire, SECOURABLE.

(4) Autre ſurnom qu'on avoit donné à Apollon, à cauſe du fameux oracle de Claros.

(5) Troiſième nom ſous lequel les Grecs, & les Doriens

les cornes des chèvres qu'elle perçoit de ses flèches sur le mont Cynthius; & tu t'en servois pour dresser un autel *(1)*, en former la base, le corps & les côtés; ainsi tu nous appris à bâtir. Depuis tu désignas l'endroit où Battus devoit fonder ma patrie; & sous la forme d'un corbeau d'heureux augure, tu guidas son peuple en Lybie. Tu juras de donner Cyrène à mes Rois, & toujours ta parole est fidèle *(2)*.

Dieu puissant, que d'autres t'appellent BOEDROMIUS *(3)*, d'autres CLARIUS *(4)*; cent noms divers te sont donnés à l'envi. Pour moi, c'est sous le nom de CARNÉEN *(5)* que je veux te chanter; tel est l'usage de ma patrie.

Dieu de Carnus! Sparte fut la première à t'adorer sous ce nom: Théra *(6)* suivit cet

---

sur-tout, honoroient Apollon, en mémoire de la protection spéciale qu'il avoit accordée à un fameux devin, appelé Carnus.

(6) Isle de la mer Ægée, ainsi nommée depuis que Théras, sixième descendant d'Œdipe (après avoir quitté Sparte où il s'étoit d'abord établi), y eut fondé une colonie.

exemple, que Cyrène a depuis imité. De Sparte, le sixième descendant d'Œdipe apporta ton culte à Théra, d'où le fils de Polymneste *(1)* le transmit aux Asbytes *(2)*. Établi dans leur contrée, il t'éleva ce Temple superbe, institua ces fêtes annuelles où mille & mille taureaux tombent sous la hache de tes Prêtres.

O Dieu de Carnus, tes autels, dans la saison des frimats, sont couverts de safran parfumé ; au printemps, ils sont parés de ces fleurs variées que Zéphyre fait éclorre en séchant la rosée ; & dans ton sanctuaire brille une flamme éternelle, que jamais la cendre n'a couverte *(3)*.

Ce fut proche des bois épais d'Azilis *(4)*, & loin encore des sources de Cyré *(5)*, que les guerriers *(6)* Doriens célébrèrent, pour la première fois, avec les blondes habitantes de la

---

(1) Battus, autrement nommé Aristotéles. Le Poëte lui donne l'épithète d'οὖλος, *entier*, *sain*, parce qu'il avoit été long-temps muet, & qu'il recouvra la parole avant d'aller en Libye fonder la ville de Cyrène.

(2) Petit peuple de la Libye, voisin du canton où Battus établit sa colonie.

(3) L'expression grecque traduite littéralement, paroît

Ἐκ μέν σε Σπάρτης ἕκτον γένος Οἰδιπόδαο
ἤγαγε Θηραίην ἐς ἀπόκτισιν· ἐκ δέ σε Θήρης
οὖλος Ἀριστοτέλης Ἀσβυστίδι πάρθετο γαίῃ.
Δεῖμε δέ τοι μάλα καλὸν ἀνάκτορον· ἐν δὲ πόληϊ
θῆκε τελεσφορίην ἐπετήσιον, ᾗ ἔνι πολλοὶ
ὑστάτιον πίπτουσιν ἐπ' ἰσχίον, ὦ ἄνα, ταῦροι.

Ἰὴ, ἰὴ, Καρνεῖε πολύλλιτε, σεῖο δὲ βωμοὶ
ἄνθεα μὲν φορέουσιν ἐν εἴαρι, τόσσα περ Ὧραι
ποικίλ' ἀγινεῦσι, Ζεφύρου πνείοντος ἐέρσην·
χείματι δὲ, κρόκον ἡδύν· αἰεὶ δέ τοι ἀέναον πῦρ,
οὐδέ ποτε χθιζὸν περιβόσκεται ἄνθρακα τέφρη.

Ἦ ῥ' ἐχάρη μέγα Φοῖβος, ὅτε ζωστῆρες Ἐνυοῦς
ἀνέρες ὠρχήσαντο μετὰ ξανθῇσι Λιβύσσης,
τέθμιαι εὖτέ σφιν Καρνειάδες ἤλυθον ὧραι.

---

plus claire : *Et jamais la cendre n'y conserve le charbon de la veille.* C'est-à-dire qu'on entretenoit toujours ce feu avec de nouveaux alimens, & qu'on ne le couvroit jamais.

(4) Montagne voisine du lieu où Battus s'étoit établi.

(5) Nom que les Cyrénéens donnèrent à une fontaine qui couloit dans le lieu même où fut fondée Cyrène.

(6) L'expression littérale est bien plus poëtique : *les porte-ceintures de Bellone.*

Οἱ δ' οὔπω πηγῆς Κυρῆς ἐδύναντο πελάσσαι
Δωριέες, πυκινὴν δὲ νάπαις Ἄζιλιν ἔναιον.
Τοὺς μὲν ἄναξ ἴδεν αὐτὸς, ἑῇ δ' ἐπεδείξατο νύμφῃ,
στὰς ἐπὶ Μυρτούσης κερατώδεος· ἧχι λέοντα
Ὑψηῒς κατέπεφνε, βοῶν σίνιν Εὐρυπύλοιο.
Οὐ κείνου χορὸν εἶδε θεώτερον ἄλλον Ἀπόλλων,
οὐδὲ πόλει τόσ' ἔνειμεν ὀφέλσιμα, τόσσα Κυρήνῃ,
μνωόμενος προτέρης ἁρπακτύος· οὐδὲ μὲν αὐτοὶ
Βαττιάδαι Φοίβοιο πλέον θεὸν ἄλλον ἔτισαν.

ΙΗ, ΙΗ ΠΑΙΗΟΝ ἀκούομεν, οὕνεκα τοῦτο
Δελφός τοι πρώτιστον ἐφύμνιον εὕρετο λαὸς,
ἦμος ἑκηβολίην χρυσέων ἐπεδείκνυσο τόξων.
Πυθώ τοι κατιόντι συνήντετο δαιμόνιος θὴρ,
αἰνὸς ὄφις· τὸν μὲν σὺ κατήναρες, ἄλλον ἐπ' ἄλλῳ
βάλλων ὠκὺν ὀϊστόν· ἐπηύτησε δὲ λαός·
« Ἰὴ, ἰὴ Παιῆον, ἵει βέλος, εὐθύ σε μήτηρ
γείνατ' ἀοσσητῆρα. » Τὸ δ' ἐξέτι κεῖθεν ἀείδῃ.

Ὁ Φθόνος Ἀπόλλωνος ἐς οὔατα λάθριος εἶπεν·

---

(1) Le mont Myrtose, promontoire de Libye. La Fable dit que ce fut sur cette montagne qu'Apollon transporta la

Libye, les jours consacrés au Dieu de Carnus. Tu vis leurs danses, ton œil en fut réjoui; & tu les fis remarquer à ton épouse, du haut de ce mont *(1)* fameux où elle avoit terrassé le lion qui désoloit les troupeaux d'Eurypyle *(2)*. Jamais danses ne te plurent davantage; jamais ville n'éprouva tes bienfaits autant que Cyrène: ils sont le prix des faveurs que tu ravis jadis à ta Nymphe; aussi nul des Immortels n'est plus honoré que toi par les enfans de Battus.

IO! que tout chante, Io PŒAN! Tel fut le premier cri du peuple de Delphes, lorsqu'en sa faveur tu montras la force de tes flèches. Python, monstre épouvantable; Python, serpent terrible, s'élançoit contre toi; mais bientôt tes coups redoublés & rapides l'étendirent à tes pieds. Le peuple s'écria: « Io, Io Pœan! frappe! Latone en toi nous donne un sauveur! » Depuis ce temps, c'est ainsi que tu fus célébré.

L'Envie s'est approchée de l'oreille d'Apollon,

Nymphe Cyrène, fille d'Hypsée, après l'avoir enlevée sur le mont Pélion en Thessalie.

(2) Prince qui, selon la Fable, régnoit en Libye au temps de l'enlèvement de Cyrène.

& lui a dit: « Que vaut un Poëte, ſi ſes vers n'égalent le nombre des flots de la mer? » Mais Apollon, d'un pied dédaigneux *(1)* a repouſſé l'Envie, & lui a répondu: « Vois le fleuve
» d'Aſſyrie, ſon cours eſt immenſe; mais ſon lit
» eſt ſouillé de limon & de fange. Non; toutes
» les eaux, indifféremment, ne plaiſent point à
» Cérès *(2)*; & le foible ruiſſeau, qui, ſortant
» d'une ſource ſacrée, roule une onde argentée
» toujours pure, ſervira ſeul aux bains de la Déeſſe. »

Gloire à Phœbus, & que l'Envie reſte au fond du Tartare!

---

(1) Le texte dit ſeulement: *du pied.*

« Οὐκ ἄγαμαι τὸν ἀοιδὸν, ὃς οὐχ ὅσα πόντος ἀείδει. »
Τὸν Φθόνον ὡπόλλων ποδί τ' ἤλασεν, ὧδέ τ' ἔειπεν·
« Ἀσσυρίου ποταμοῖο μέγας ῥόος, ἀλλὰ τὰ πολλὰ
λύματα γῆς καὶ πολλὸν ἐφ' ὕδατι συρφετὸν ἕλκει. «
Δηοῖ δ' οὐκ ἀπὸ παντὸς ὕδωρ φορέουσι Μέλισσαι, «
ἀλλ' ἥτις καθαρή τε καὶ ἀχράαντος ἀνέρπει «
πίδακος ἐξ ἱερῆς ὀλίγη λιβὰς, ἄκρον ἄωτον. »

Χαῖρε ἄναξ· ὁ δὲ Μῶμος, ἵν' ὁ Φθόνος, ἔνθα νέοιτο.

---

(2) Littéralement: *Les Méliſſes* (nom particulier qu'on donnoit aux prêtreſſes de Cérès) *ne portent point à Cérès des eaux de tout fleuve.*

V.

ΕΙΣ ΤΗΝ ΑΡΤΕΜΙΝ.

ἌΡΤΕΜΙΝ (οὐ γὰρ ἐλαφρὸν ἀειδόντεσσι λαθέσθαι)
ὑμνέομεν, τῇ τόξα λαγωβολίαι τε μέλονται,
καὶ χορὸς ἀμφιλαφὴς, καὶ ἐν οὔρεσιν ἑψιάασθαι·
ἀρχόμενοι ὡς ὅτε πατρὸς ἐφεζομένη γονάτεσσι
παῖς ἔτι κουρίζουσα, τάδε προσέειπε γονῆα·

« Δός μοι παρθενίην αἰώνιον, ἄππα, φυλάσσειν,
» καὶ πολυωνυμίην· ἵνα μή μοι Φοῖβος ἐρίζῃ.
» Δὸς δ' ἰοὺς καὶ τόξα.... Ἔα, πάτερ· οὔ σε φαρέτρην,
» οὐδ' αἰτέω μέγα τόξον· ἐμοὶ Κύκλωπες ὀϊστοὺς
» αὐτίκα τεχνήσονται, ἐμοὶ δ' εὐκαμπὲς ἄεμμα·
» ἀλλὰ φαεσφορίην τε, καὶ ἐς γόνυ μέχρι χιτῶνα
» ζώννυσθαι λεγνωτὸν, ἵν' ἄγρια θηρία καίνω.

---

(1) Le Poëte feint ici que Diane, dès ſon enfance, avoit demandé à ſon père de lui donner ces attributs diſtinctifs, parce que cette Déeſſe, dans les anciens monumens, eſt ſouvent repréſentée avec un flambeau dans chaque main, ou avec une tunique à frange, fort courte, comme étant toujours occupée à chaſſer dans les bois.

HYMNE CINQUIÈME.

EN L'HONNEUR DE DIANE.

CHANTONS Diane!... (malheur aux Poëtes qui l'oublient!) chantons la Déesse qui se plaît à lancer des traits, à poursuivre les daims, à former des danses & des jeux sur la cime des montagnes. Rappelons ce jour où Diane, encore dans l'enfance, assise sur les genoux de Jupiter, lui adressa ces prières :

« Accorde, o mon père, accorde à ta fille
de rester toujours vierge, & de porter assez de «
noms divers, pour que Phœbus ne puisse le «
lui disputer. Donne-moi, comme à Phœbus, «
un arc & des flèches. Que dis-je?..... non, «
mon père, ce n'est point à toi d'armer ta fille; «
les Cyclopes s'empresseront bientôt de me «
fabriquer des traits, de me forger un carquois. «
Mais donne-moi l'attribut distinctif de porter «
des flambeaux & de revêtir une tunique à «
frange, qui ne me descendra que jusqu'aux «
genoux, pour ne point m'embarrasser *(1)* «

» à la chaſſe. Attache à ma ſuite ſoixante filles
» de l'Océan, qui ſoient toutes à l'âge où l'on
» ne porte point encore de ceinture *(1)*. Que
» vingt autres Nymphes, filles de l'Amniſus *(2)*,
» deſtinées à me ſervir aux heures où je ceſſerai
» de percer les lynx & les cerfs, prennent ſoin de
» mes brodequins & de mes chiens fidèles. Cède-
» moi les montagnes. Je ne demande qu'une ville
» à ton choix. Diane rarement deſcendra dans les
» villes. J'habiterai les monts, & n'approcherai des
» cités qu'aux momens où les femmes, travaillées
» des douleurs aiguës de l'enfantement, m'ap-
» pelleront à leur aide. Tu ſais qu'au jour de
» ma naiſſance les Parques m'ont impoſé la loi de
» les ſecourir, parce que le ſein qui m'a porté
» n'a point connu la douleur, &, ſans travail,
a dépoſé ſon fardeau. »

En parlant ainſi, l'enfant divin voulut toucher le menton de ſon père; mais elle étendit en vain ſes petits bras pour l'atteindre. Jupiter en ſourit *(3)*, & lui rendant une tendre careſſe,

---

(1) Littéralement: *toutes âgées de neuf ans, toutes enſans encore ſans ceinture.* Les jeunes filles ne commençoient à porter des ceintures qu'après avoir atteint l'âge nubile.

Δὸς δ' ἐμοὶ ἑξήκοντα χορήτιδας Ὠκεανίνας, «
πάσας εἰνέτεας, πάσας ἔτι παῖδας ἀμίτρους. «
Δὸς δ' ἐμοὶ ἀμφιπόλους, Ἀμνισίδας εἴκοσι Νύμφας, «
αἵτ' ἐμοὶ ἐνδρομίδας τε, καὶ, ὁππότε μηκέτι λύγκας «
μήτ' ἐλάφους βάλλοιμι, θοοὺς κύνας εὖ κομέοιεν. «
Δὸς δ' ἐμοὶ οὔρεα πάντα· πόλιν δ' ἐμοὶ ἥντινα νεῖμον, «
ἥντινα λῇς· σπαρνὸν γὰρ, ὅτ' Ἄρτεμις ἄστυ κάτεισιν. «
Οὔρεσιν οἰκήσω· πόλεσιν δ' ἐπιμίξομαι ἀνδρῶν «
μοῦνον ὅτ' ὀξείῃσιν ὑπ' ὠδίνεσσι γυναῖκες «
τειρόμεναι καλέουσι βοηθόον· ᾗσί με Μοῖραι «
γεινομένην τὸ πρῶτον ἐπεκλήρωσαν ἀρήγειν, «
ὅττι με καὶ τίκτουσα καὶ οὐκ ἤλγησε φέρουσα «
μήτηρ, ἀλλ' ἀμογητὶ φίλων ἀπεθήκατο κόλπων. »

Ὣς ἡ παῖς εἰποῦσα, γενειάδος ἤθελε πατρὸς
ἅψασθαι, πολλὰς δὲ μάτην ἐτανύσσατο χεῖρας,
μέχρις ἵνα ψαύσειε. Πατὴρ δ' ἐπένευσε γελάσσας,

---

(2) L'Amniſus étoit un fleuve de Crète, qui devint aſſez célèbre dans la Fable, pour que les Poëtes ſe ſerviſſent quelquefois de ſon nom ſeul, lorſqu'ils vouloient déſigner la Crète en général.

(3) Ceux des amateurs de la poëſie qui ſont ſenſibles aux

φῆ δὲ καταρρέζων· « Ὅτε μοι τοιαῦτα θέαιναι
» τίκτοιεν, τυτθόν κεν ἐγὼ ζηλήμονος Ἥρης
» χωομένης ἀλέγοιμι. Φέρευ, τέκος, ὅσσ' ἐθελημὸς
» αἰτίζεις, καὶ δ' ἄλλα πατὴρ ἔτι μείζονα δώσει.
» Τρὶς δέκα τοι πτολίεθρα, καὶ οὐχ ἕνα πύργον, ὀπάσσω·
» τρὶς δέκα τοι πτολίεθρα, τὰ μὴ θεὸν ἄλλον ἀέξειν
» εἴσεται, ἀλλὰ μόνην σε, καὶ Ἀρτέμιδος καλέεσθαι·
» πολλὰς δὲ ξυνῇ πόλιας διαμετρήσασθαι
» μεσσόγεως, νήσους τε· καὶ ἐν πάσῃσιν ἔσονται
» Ἀρτέμιδος βωμοί τε καὶ ἄλσεα· καὶ μὲν ἀγυιαῖς
ἔσσῃ καὶ λιμένεσσιν ἐπίσκοπος. » Ὣς ὁ μὲν εἰπὼν,
μῦθον ἐπεκρήηνε καρήατι. Βαῖνε δὲ κούρη
Λευκὸν ἔπι, Κρηταῖον ὄρος, κεκομημένον ὕλῃ.
Ἔνθεν ἐπ' Ὠκεανόν· πολέας δ' ἐπελέξατο Νύμφας,
πάσας εἰνέτεας, πάσας ἔτι παῖδας ἀμίτρους.
Χαῖρε δὲ Καίρατος ποταμὸς μέγα, χαῖρε δὲ Τηθὺς,
οὕνεκα θυγατέρας Λητωΐδι πέμπεν ἀμορβούς.

---

imitations de la Nature, ſauront gré ſans doute à Callimaque de la peinture naïve que préſentent ces deux vers.

(1) Montagne de Crète.

(2) Fleuve de Crète.

« Déeſſes, s'écria-t-il, donnez-moi toujours
de ſemblables enfans, & je brave la fureur «
jalouſe de Junon. Vas, ma fille, tes deſirs «
ſeront ſatisfaits, & ton père veut te faire «
encore d'autres dons bien plus magnifiques. «
Une ville eſt trop peu : je t'en donnerai trente ; «
trente qui n'auront d'autre Dieu que toi ſeule, «
ne porteront d'autre nom que le tien ; tandis «
que tu partageras avec les autres Immortels des «
cités ſans nombre dans le continent & dans les «
îles. Par-tout Diane aura des bois ſacrés & «
des autels ; c'eſt elle qui ſera la protectrice des «
chemins & des ports. » Il dit ; &, d'un ſigne de tête, il confirma ſes promeſſes. Auſſitôt l'enfant vole en Crète, ſur la cime ombragée du Leucus *(1)* ; deſcend enſuite vers l'Océan, & ſe choiſit une troupe nombreuſe de Nymphes, toutes à l'âge de neuf ans, à cet âge où l'on ne porte point encore de ceinture. Cæratus *(2)* & Téthys *(3)* s'applaudirent, en voyant l'un & l'autre leurs filles préférées par l'enfant de Latone.

---

(3) Épouſe de l'Océan.

Ce choix fait, Diane alla chercher les Cyclopes. Ils étoient dans Lipare, (aujourd'hui c'eſt ainſi qu'on la nomme, alors c'étoit *(1)* Méligounis) occupés à forger une maſſe ardente ſur l'enclume de Vulcain. L'ouvrage preſſoit: c'étoit un abreuvoir pour les courſiers de Neptune. Les Nymphes pâlirent à la vue de ces énormes Géans, pareils à des montagnes *(2)*, & dont l'œil unique *(3)*, ſous leur épais ſourcil, étinceloit de regards menaçans. Les uns faiſoient mugir de vaſtes ſoufflets; les autres, levant tour-à-tour avec effort leurs lourds marteaux, frappoient à grands coups le fer ou l'airain, qu'ils tiroient tout en feu de la fournaiſe. L'enclume en gémit, l'Ætna & la Sicile *(4)* en ſont ébranlés, l'Italie en retentit, & la Corſe même en réſonne *(5)*. A ce terrible aſpect, à ce bruit

---

(1) Nom qui en grec ſignifie, *fertile en miel.*

(2) Le grec dit: *aux rochers de l'Oſſa.*

(3) Le grec ajoute: *égal à un bouclier de quatre peaux.*

(4) Littéralement: *la Trinacrie, ſéjour des Sicaniens, & la voiſine Italie.*

(5) Si l'on compare ce morceau avec celui qui ſe trouve au VIII.e livre de l'Énéïde, on trouvera ſans doute que le Poëte latin eſt bien ſupérieur au Poëte

Αὖθι δὲ Κύκλωπας μετεκίαθε. Τοὺς μὲν ἔτετμε
νήσῳ ἐνὶ Λιπάρῃ· (Λιπάρη νέον, ἀλλὰ τότ' ἔσκεν
οὔνομά οἱ Μελιγουνίς) ἐπ' ἄκμοσι δ' Ἡφαίστοιο,
ἑσταότας περὶ μύδρον, (ἐπείγετο γὰρ μέγα ἔργον)
ἱππείην τετύκοντο Ποσειδάωνι ποτίστρην.
Αἱ Νύμφαι δ' ἔδδεισαν, ὅπως ἴδον αἰνὰ πέλωρα,
πρηόσιν Ὀσσαίοισιν ἐοικότα, πᾶσι δ' ὑπ' ὀφρὺν
φάεα μουνόγληνα, σάκει ἴσα τετραβοείῳ,
δεινὸν ὑπογλαύσσοντα· καὶ ὁππότε δοῦπον ἄκουσαν
ἄκμονος ἠχήσαντος, ἐπὶ μέγα πουλύ τ' ἄημα
φυσάων, αὐτῶν τε βαρὺν στόνον. Αὖε γὰρ Αἴτνη,
αὖε δὲ Τρινακρίη, Σικανῶν ἕδος, αὖε δὲ γείτων
Ἰταλίη, μεγάλην δὲ βοὴν ἐπὶ Κύρνος ἀΰτει,
εὖθ' οἵ γε ῥαιστῆρας ἀειράμενοι ὑπὲρ ὤμων,
ἢ χαλκὸν ζείοντα καμινόθεν, ἠὲ σίδηρον,
ἀμβολαδὶς τετύποντες, ἐπὶ μέγα μοχθήσειαν.

---

grec, par la deſcription qu'il fait des ouvrages auxquels il ſuppoſe que les Cyclopes étoient occupés, au moment que Vénus arriva dans leur île. Mais on conviendra que Callimaque, qui lui a ſervi de modèle dans la peinture de la manière dont les Cyclopes travailloient, ne lui cède en rien

Τῷ σφέας οὐκ ἐτάλασσαν ἀκηδέες Ὠκεανῖναι
οὔτ' ἄντην ἰδέειν, οὔτε κτύπον οὔασι δέχθαι.
Οὐ νέμεσις· κείνους δὲ καὶ αἱ μάλα μηκέτι τυτθαὶ
οὐδέ ποτ' ἀφρικτὶ μακάρων ὁρόωσι θύγατρες.
Ἀλλ' ὅτε κουράων τις ἀπειθέα μητέρι τεύχει,
μήτηρ μὲν Κύκλωπας ἑῇ ἐπὶ παιδὶ καλιστρεῖ,
Ἄργην, ἢ Στερόπην· ὁ δὲ δώματος ἐκ μυχάτοιο
ἔρχεται Ἑρμείης σποδιῇ τε κεχρημένος αἰθῇ
αὐτίκα τὴν κούρην μορμύσσεται· ἡ δὲ τεκούσης
δύνει ἔσω κόλπους, θεμένη ἐπὶ φάεσι χεῖρας.
Κοῦρα, σὺ δὲ προτέρω περ, ἔτι τριέτηρος ἐοῦσα,
εὖτ' ἔμολεν Λητώ σε μετ' ἀγκαλίδεσσι φέρουσα,
Ἡφαίστου καλέοντος, ὅπως ὀπτήρια δοίη,

---

pour l'harmonie imitative. Ces vers, si vantés avec raison,

. . . . alii ventosis follibus auras
accipiunt redduntque; alii stridentia tingunt
æra lacu; gemit impositis incudibus antrum.
Illi inter sese multâ vi brachia tollunt
in numerum, versantque tenaci forcipe massam.

Ces vers, dis-je, n'ont aucun mérite qui ne se trouve dans ceux-ci :

. . . . δοῦπον ἀκοῦσαι
ἄκμονος ἠχήσαντος, ἐπὶ μέγα πουλύ τ' ἄημα
φυσάων, αὐτῶν τε βαρὺν στόνον. . . . .

effroyable, les filles de l'Océan s'épouvantent.... Frayeur pardonnable : les filles même des Dieux, dans leur enfance, n'envifagent ces fiers Géans qu'avec crainte ; & lorfqu'elles refufent d'obéir, leurs mères feignent d'appeler Argès ou Stéropès ; Mercure accourt fous les traits de l'un de ces Cyclopes, le vifage couvert de cendre & de fumée : foudain l'enfant effrayé couvre fes yeux de fes mains, & fe jette en tremblant dans le fein maternel. Pour toi, fille de Jupiter, plus jeune encore, & dès l'âge de trois ans, lorfque Latone t'avoit porté dans fes bras à Vulcain, pour recevoir fes premiers préfens *(1)*, & que

---

εὖθ' οἵ γε ῥαιστῆρας ἀειράμενοι ὑπὲρ ὤμων,
ἢ χαλκὸν ζείοντα καμινόθεν, ἠὲ σίδηρον,
ἀμβολαδὶς τετύποντες, ἐπὶ μέγα μοχθήσειαν.

Pour nous, que l'aveu, fi fouvent & fi fincèrement répété, de notre impuiffance à rendre les beautés de notre auteur original, doit mettre à l'abri du moindre foupçon de vanité, nous ofons dire qu'ici nos efforts, pour rendre cet endroit dans toute fa force, n'ont peut-être pas été totalement infructueux, & que, pour cette fois, la verfion françoife nous paroît répondre affez à la nobleffe de l'expreffion grecque.

(1) Littéralement : *fes préfens de vue*, ὀπτήρια. La coutume chez les Anciens, quand une femme accouchoit,

Brontès t'avoit mis fur fes genoux, tu avois arraché les poils hériffés de fa large poitrine; & depuis ils n'ont point été reproduits: ainfi les cheveux, moiffonnés une fois par l'alopécie *(1)*, ne reviennent jamais couvrir le front qu'elle a rendu chauve.

Auffi, d'une voix ferme, adreffas-tu ce difcours aux Cyclopes: « Cyclopes, hâtez-vous;
» il faut à Diane un arc, des flèches, un carquois.
» Diane, ainfi que Phœbus, eft fille de Latone;
» & fi quelque fanglier, ou quelque monftre des
» bois, vient à tomber fous mes coups, c'eft à votre table qu'il fera deftiné. »

Tu dis: ils obéirent; & tu fus armée.

Il te manquoit des chiens; tu voles en Arcadie, & tu vas trouver Pan. Le Dieu barbu étoit dans fon antre, où il diftribuoit aux lices de fa meute les chairs d'un lynx du Ménale. Il te choifit auffitôt fix chiens courageux, dont

---

étoit que les parens du nouveau-né envoyaffent à la mère des préfens, comme pour obtenir la permiffion de voir fon enfant.

Βρόντεω σε στιβαροῖσιν ἐφεσσαμένη γονάτεσσι,
στήθεος ἐκ μεγάλου λασίης ἐδράξαο χαίτης,
ὤλοψάς τε βίηφι· τὸ δ᾽ ἄτριχον εἰσέτι καὶ νῦν
μεσσάτιον στέρνοιο μένει μέρος, ὡς ὅτε κόρσῃ
φωτὸς ἐνιδρυνθεῖσα κόμην ἐπενείματ᾽ ἀλώπηξ.

Τῷ μάλα θαρσαλέη σφε τάδε προσελέξαο τῆμος·
« Κύκλωπες, εἰ, μοί τι Κυδώνιον, εἰ δ᾽ ἄγε, τόξον,
ἠδ᾽ ἰοὺς, κοίλην τε κατακληῗδα βελέμνων «
τεύξατε. Καὶ γὰρ ἐγὼ Λητωΐας, ὥσπερ Ἀπόλλων. «
Εἰ δέ κ᾽ ἐγὼ τόξοις μονιόν δάκος, ἤ τι πέλωρον «
θηρίον ἀγρεύσω, τόδε κεν Κύκλωπες ἔδοιεν. »

Ἔννεπες· οἱ δ᾽ ἐτέλεσσαν· ἄφαρ δ᾽ ὡπλίσσαο, δαῖμον.

Αἶψα δ᾽ ἐπὶ σκύλακας πάλιν ἤϊες· ἵκεο δ᾽ αὖλιν
Ἀρκαδικὴν ἔπι Πανός. Ὁ δὲ κρέα λυγκὸς ἔταμνε
Μαιναλίης, ἵνα οἱ τοκάδες κύνες εἶδαρ ἔδοιεν.
Τὶν δ᾽ ὁ γενειήτης δύο μὲν κύνας ἥμισυ πηγοὺς,

---

(1) Ou *mal du renard*, eſpèce de maladie qui cauſe la chute des cheveux. Hippocrate l'attribuoit à la pituite. Les Grecs, ſelon Galien, l'avoient ainſi nommée, parce que les renards y ſont ſujets.

τρεῖς δὲ παρουατίους, ἕνα δ' αἰόλον, οἵ ῥα λέοντας
αὐτοὺς αὖ ἐρύοντες, ὅτε δράξαιντο δεράων,
εἷλκον ἔτι ζώοντας ἐπ' αὐλίον· ἑπτὰ δ' ἔδωκε
θάσσονας αὐράων κυνοσουρίδας, αἳ ῥα διῶξαι
ὤκισται νεβρούς τε καὶ οὐ μύοντα λαγωὸν,
καὶ κοίτην ἐλάφοιο, καὶ ὕστριχος ἔνθα καλιαὶ
σημῆναι, καὶ ζορκὸς ἐπ' ἴχνιον ἡγήσασθαι.

Ἔνθεν ἀπερχομένη (μετὰ καὶ κύνες ἐσσεύοντο)
εὗρες ἐπὶ προμολῇς ὄρεος τοῦ Παῤῥασίοιο
σκαιρούσας ἐλάφους, μέγα τι χρέος, αἳ μὲν ἐπ' ὄχθης
αἰὲν ἐβουκολέοντο μελαμψήφιδος Ἀναύρου,
μάσσονες ἢ ταῦροι, κεράων δ' ἀπελάμπετο χρυσός.

---

(1) Les Anciens faisoient beaucoup de cas, pour la chasse, des chiens qui avoient les oreilles longues, molles & pendantes.

(2) Les chiens d'une seule couleur n'étoient pas si estimés que ceux qui étoient de deux couleurs.

(3) Vraisemblablement le Poëte veut parler de ces chiens tachetés ou tigrés, dont Arrien *(Cynegetic. c. 3)* & Oppien *(Cynegetic. lib. 1, v. 430)* font l'éloge, & qui paroissent avoir été les mêmes que ces chiens qu'on prétendoit être nés d'un loup-cervier & d'une chienne, dont Gratius a dit :

.... *semiferam, thoûm de sanguine, prolem.*

trois aux oreilles pendantes *(1)*, deux noirs & blancs *(2)*, un de diverſes couleurs *(3)*, tous capables de renverſer des lions, de les ſaiſir à la crinière, & de les entraîner vivans. Il y joignit auſſi ſept cynoſurides *(4)* plus légers que le vent, plus vîtes que le lièvre *(5)* ou le faon, habiles ſur-tout à découvrir le gîte du cerf, la tanière du porc-épic, & les traces du daim.

Tu quittois ces lieux, ſuivie de ta meute, lorſqu'au pied du Parrhaſius tu vis s'ébattre cinq biches; troupeau ſuperbe, nourri ſur les bords du ſablonneux *(6)* Anaurus. Elles étoient plus grandes que des taureaux, & l'or brilloit ſur leurs cornes *(7)*. Ton œil en fut ſurpris, & tu

---

(4) Cynoſure étoit un lieu de la Laconie. Les chiens de ce pays étoient renommés pour leur vîteſſe, ſur-tout ceux qu'on croyoit nés d'une chienne & d'un renard; eſpèce dont Ariſtote atteſtoit l'exiſtence, mais qui n'étoit autre que celle de nos lévriers.

(5) Le grec ajoute: *qui ne ferme jamais les yeux.*

(6) Littéralement: *qui roule un ſable noir.* L'Anaurus étoit un fleuve de la Theſſalie. Il eſt aſſez ſingulier que Callimaque amène ces biches de Theſſalie en Arcadie.

(7) Il ne faut pas s'étonner de ce que Callimaque donne ici des cornes aux biches; c'étoit une erreur commune à

dis en toi-même: « Sans doute elles ſont dignes d'être la première proie de Diane. » Seule, & ſans le ſecours de tes chiens, tu en pris quatre à la courſe, & les deſtinas à traîner ton char; mais la cinquième (ainſi le voulut Junon, qui la réſervoit pour ſervir un jour au dernier des travaux d'Hercule), paſſa le Céladon *(1)*, & ſe réfugia ſur le mont Cérynien *(2)*.

O Diane, o Déeſſe toujours vierge, Déeſſe qui tuas Tityus, ton armure, ta ceinture & ton char étoient d'or; tu donnas auſſi des freins d'or à ces biches. Mais en quels lieux menas-tu d'abord ce char triomphant *(3)*? en Thrace, ſur le mont Aémus, d'où l'orageux Borée nous envoie les triſtes frimats *(4)*. Où coupas-tu des branches de pin? ſur l'Olympe de Myſie. A quels feux allumas-tu ces nouveaux flambeaux? aux feux inextinguibles dont la foudre de ton père étincelle. Combien de fois éprouvas-tu

---

tous les poëtes Grecs, & qui leur a même été reprochée par Ariſtote.

(1) Fleuve d'Arcadie.

(2) Montagne d'Arcadie.

(3) Littéralement : *attelé d'animaux à cornes.*

Ἐξαπίνης δ' ἔταφές τε, καὶ ὃν ποτὶ θυμὸν ἔειπες·
« τοῦτό κεν Ἀρτέμιδος πρωτάγριον ἄξιον εἴη. »
Πέντ' ἔσαν αἱ πᾶσαι· πίσυρας δ' ἕλες ὦκα θέουσα,
νόσφι κυνοδρομίης, ἵνα τοι θοὸν ἅρμα φέρωσι·
τὴν δὲ μίαν, Κελάδοντος ὑπὲρ ποταμοῖο φυγοῦσαν,
Ἥρης ἐννεσίῃσιν, ἀέθλιον Ἡρακλῆϊ
ὕστατον ὄφρα γένοιτο, πάγος Κερύνειος ἔδεκτο.

Ἄρτεμι παρθενίη, Τιτυοκτόνε, χρύσεα μέν τοι
ἔντεα καὶ ζώνη, χρύσεον δ' ἐζεύξαο δίφρον,
ἐν δ' ἐβάλευ χρύσεια, θεὴ, κεμάδεσσι χαλινά.
Ποῦ δέ σε τὸ πρῶτον κερόεις ὄχος ἤρξατ' ἀείρειν;
Αἵμῳ ἔπι Θρήϊκι, τόθεν Βορέαο καταῖξ
ἔρχεται, ἀχλαίνοισι δυσαέα κρυμὸν ἄγουσα.
Ποῦ δ' ἔταμες πεύκην; Ἀπὸ ὃ φλογὸς ἥψαο ποίης;
Μυσῷ ἐν Οὐλύμπῳ· φάεος δ' ἐνέηκας ἀϋτμὴν
ἀσβέστου, τό ῥα πατρὸς ἀποστάζουσι κεραυνοί.
Ποσσάκι δ' ἀργυρέοιο, θεὴ, πειρήσαο τόξου;

---

(4) Littéralement : *le froid, dur pour ceux qui ne sont pas bien vêtus.* La justesse & la précision de l'expression grecque justifient, dans le texte, ce détail, qui n'auroit aucune grâce dans notre langue.

Πρῶτον ἐπὶ πτελέην, τὸ δὲ δεύτερον ἧκας ἐπὶ δρῦν,
τὸ τρίτον αὖτ' ἐπὶ θῆρα· τὸ τέτρατον οὐκέτ' ἐπὶ δρῦν,
ἀλλά μιν εἰς ἀδίκων ἔβαλες πόλιν, οἵ τε περὶ σφέας,
οἵ τε περὶ ξείνους ἀλιτήμονα πολλ' ἐτέλεσκον.

Σχέτλιοι, οἷς τύνη χαλεπὴν ἐμμάξεαι ὀργήν·
κτήνεά φιν λοιμὸς καταβόσκεται, ἔργα δὲ πάχνη·
κείρονται δὲ γέροντες ἐφ' υἱάσιν· αἱ δὲ γυναῖκες,
ἢ βληταὶ θνήσκουσι λεχωΐδες, ἠὲ φυγοῦσαι
τίκτουσιν· τῶν δ' οὐδὲν ἐπὶ σφυρὸν ὀρθὸν ἀνέστη.
Οὓς δέ κεν εὐμειδής τε καὶ ἵλαος αὐγάσσηαι,
κείνοις εὖ μὲν ἄρουρα φέρει στάχυν, εὖ δὲ γενέθλη
τετραπόδων, εὖ δ' ὄλβος ἀέξεται, οὐδ' ἐπὶ σῆμα
ἔρχονται, πλὴν εὖτε πολυχρόνιόν τι φέρωσιν·
οὐδὲ διχοστασίη τρώει γένος, ἥτε καὶ εὖ περ
οἴκους ἑστηῶτας ἐσίνατο· ταὶ δὲ θυωρὸν
εἰνάτερες γαλόῳ τε μίαν πέρι δίφρα τίθενται.

---

(1) Le grec dit, avec une précision & une énergie dont je n'ai jamais pu approcher : *vieux, ils se coupent les cheveux sur le corps de leurs fils.*

(2) Littéralement : *dans la fuite.*

tes flèches ! tu les essayas, d'abord sur un orme ; ensuite sur un chêne ; puis sur un monstre des forêts ; enfin, non plus sur un arbre, mais sur une ville coupable, où l'on avoit cent fois outragé la Nature & l'hospitalité.

Malheur à ceux que poursuit ton courroux ! leurs troupeaux sont dévorés par la peste, & leurs champs dévastés par la grêle. Au déclin de leur âge, ils pleurent sur leurs fils, morts avant eux *(1)*; & leurs femmes, frappées de mort aux jours de l'enfantement, ou n'accouchant que dans les horreurs de la guerre *(2)*, n'élèvent jamais d'enfans *(3)*. Heureux, au contraire, le mortel à qui tu souris ! ses sillons engraissés se couvrent d'épis ; ses taureaux se multiplient ; sa richesse augmente, & la tombe ne s'ouvre sous ses pas qu'au bout d'une longue & paisible carrière. La Discorde, qui renverse les plus solides maisons, ne déchire point sa famille ; & chez lui la belle-mère & la bru s'assoient toujours à la même table *(4)*.

---

(3) L'expression grecque est bien plus poëtique : *aucun de leurs enfans ne se dresse sur ses jambes.*

(4) Quoiqu'assurément la version françoise, dans

Puiſſe, o Déeſſe redoutable, puiſſe l'homme que j'aime reſſentir ainſi tes faveurs ! Que je les éprouve auſſi moi-même ! que l'art des vers me ſoit toujours cher ! je chanterai Latone & ſon hymen ; je chanterai Phœbus ; je chanterai mille fois tes louanges, tes nombreux travaux, tes chiens, tes flèches, & le char rapide qui te ramène pompeuſement au palais de Jupiter. Là Mercure & Phœbus accourent au-devant de toi, Mercure pour prendre tes armes, Phœbus pour recevoir les monſtres que tes traits ont terraſſés. Tel étoit du moins ſon emploi, avant que le valeureux Alcide fût admis dans les Cieux. Car aujourd'hui ton frère eſt déchargé de ce ſoin, puiſque l'infatigable dieu de Tyrinthe, toujours aux portes de l'Olympe, attend avec impatience l'inſtant où tu lui rapportes quelques nouveaux mets. Tous les Dieux, & ſur-tout ſa marâtre, en éclatent de rire, chaque fois qu'enlevant de ton char, & tirant par les pieds quelqu'énorme taureau ou quelque ſanglier encore palpitant, il cherche à t'encourager par ce diſcours adroit :

---

tout ce morceau, ſoit encore loin de la beauté de l'original, je me flatte pourtant qu'on peut y reconnoître

Πότνια, τῶν εἴη μὲν, ἐμοὶ φίλος ὅστις ἀληθὴς,
εἴην δ' αὐτὸς, ἄνασσα· μέλοι δ' ἐμοὶ αἰὲν ἀοιδὴ,
τῇ ἔνι μὲν Λητοῦς γάμος ἔσσεται, ἐν δὲ σὺ πολλὴ,
ἐν δὲ καὶ Ἀπόλλων, ἐν δ' οἵ σεο πάντες ἄεθλοι,
ἐν δὲ κύνες, καὶ τόξα, καὶ ἄντυγες, αἵ τέ σε ῥεῖα
θηητὴν φορέουσιν, ὅτ' ἐς Διὸς οἶκον ἐλαύνεις.
Ἔνθα τοι ἀντιόωντες ἐνὶ προμολῇσι δέχονται,
ὅπλα μὲν Ἑρμείης ἀκακήσιος, αὐτὰρ Ἀπόλλων
θηρίον ὅ ττι φέρῃσθα· πάροιθε δὲ, πρίν περ ἱκέσθαι
καρτερὸν Ἀλκείδην. Νῦν δ' οὐκέτι τοῦτον ἄεθλον
Φοῖβος ἔχει· τοῖος γὰρ ἀεὶ Τιρύνθιος ἄκμων
ἕστηκε πρὸ πυλέων, ποτιδέγμενος, εἴ τι φέρουσα
νεῖαι πῖον ἔδεσμα. Θεοὶ δ' ἐπὶ πάντες ἐκείνῳ
ἄλληκτον γελόωσι, μάλιστα δὲ πενθερὴ αὐτὴ,
ταῦρον ὅτ' ἐκ δίφροιο μάλα μέγαν, ἢ ὅγε χλούνην
κάπρον ὀπισθιδίοιο φέρων ποδὸς ἀσπαίροντα,
κερδαλέῳ μύθῳ σε, θεὴ, μάλα τῷδε πινύσκει·

---

quelques traits de l'éloquence qui diſtingue cet endroit, & qui ne peut manquer de frapper ceux qui le liront dans le grec.

« Βάλλε κακοὺς ἐπὶ θῆρας, ἵνα θνητοί σε βοηθὸν,
» ὡς ἐμὲ, κικλήσκωσιν. Ἔα πρόκας ἠδὲ λαγωοὺς
» οὔρεα βόσκεσθαι· τί δέ κεν πρόκες ἠδὲ λαγωοὶ
» ῥέξειαν; Σύες ἔργα, σύες φυτὰ λυμαίνονται·
καὶ βόες ἀνθρώποισι κακὸν μέγα· βάλλ᾽ ἐπὶ καὶ τούς. »
Ὣς ἔνεπεν, ταχινὸς ὃ μέγαν περὶ θῆρα πονεῖται.
Οὐ γὰρ ὅγε, Φρυγίῃ περ ὑπὸ δρυῒ γυῖα θεωθεὶς,
παύσατ᾽ ἀδηφαγίης. Ἔτι οἱ πάρα νηδὺς ἐκείνη
τῇ ποτ᾽ ἀροτριόωντι συνήντετο Θειοδάμαντι.
Σοὶ δ᾽ Ἀμνισιάδες μὲν ὑπὸ ζεύγληφι λυθείσας
ψήχουσιν κεμάδας, παρὰ δέ σφισι πουλὺ νέμεσθαι,
Ἥρης ἐκ λειμῶνος ἀμησάμεναι, φορέουσιν
ὠκύθοον τριπέτηλον, ὃ καὶ Διὸς ἵπποι ἔδουσιν·

---

(1) On lit dans la Fable, qu'un jour Hercule, preſſé de la faim, tua un bœuf qui appartenoit à Théiodamas, chef des Dryopes; & que celui-ci, voulant tirer raiſon de ce qu'il regardoit comme une injure, défia Hercule en combat ſingulier & fut tué *(Apollon. Argonaut. lib. 1, v. 1213)*. Au ſurplus, la voracité d'Hercule a ſouvent ſervi d'objet aux plaiſanteries des Poëtes.

(2) Le trèfle. Les Anciens faiſoient beaucoup de cas du trèfle pour la nourriture des chevaux, & le regardoient comme la meilleure herbe des prés *(V. Plin. lib. VII,*

« Courage, o Déeſſe, fais tomber ſous tes coups les animaux féroces. Mérite que les mortels « t'appellent, ainſi que moi, leur divinité protectrice. Permets aux lièvres, aux daims, d'errer « ſur les montagnes. Quel mal font aux hommes « & les daims & les lièvres ! Ce ſont les ſangliers « qui dévaſtent leurs vergers & leurs champs ; ce « ſont les taureaux ſauvages dont ils craignent la « rage. Frappe les ſangliers & les taureaux. » Il dit, & ſe jette auſſitôt ſur le monſtre que tu lui rapportes. Car la flamme qui conſuma ſa dépouille mortelle ſur les monts de Trachine, ne l'a point délivré de ſa faim dévorante. Il en reſſent encore les ardeurs comme au jour qu'il rencontra le roi des Dryopes *(1)*. Cependant les filles de l'Amniſus détèlent & lavent tes biches, leur apportent de l'eau dans des vaſes d'or, pour ſe deſaltérer à leur gré, & répandent abondamment devant elles cette herbe céleſte, prompte à ſe reproduire *(2)*, qu'on moiſſonne dans les prairies de Junon, & qui nourrit auſſi

---

c. 21). Ils eſtimoient ſur-tout le trèfle de Médie, lequel, ſelon Columelle *(liv. 11, c. 11)*, ſe reproduiſoit cinq & ſix fois l'année.

les courſiers de Jupiter *(1)*. Tu entres enſuite au palais de ton père, où, quoique chaque Dieu t'invite à t'aſſeoir auprès de lui, tu te places toujours à côté d'Apollon.

Mais quand tes Nymphes formeront autour de toi leurs danſes, ſoit aux ſources de l'Inopus *(2)*, ſoit dans les plaines de Limnée *(3)* & de Pitane (car Pitane auſſi t'eſt conſacrée); ou lorſque, rejetant le ſanguinaire hommage du Taurien & quittant la Scythie, tu reviendras viſiter les Araphéniens *(4)*; puiſſai-je alors n'avoir point engagé le travail mercénaire *(5)* de mes bœufs, pour défricher le champ d'autrui

(1) Callimaque eſt, je crois, le ſeul des Poëtes & des Mythologues, qui faſſe mention de ces prairies de Junon, qu'il place dans le Ciel.

(2) Petit fleuve de l'iſle de Délos. Le Poëte lui donne l'épithète d'*Égyptien*, parce que ce fleuve paſſoit pour avoir les mêmes accroiſſemens & décroiſſemens que le Nil. C'étoit même une croyance aſſez généralement répandue parmi le vulgaire, que l'Inopus n'étoit autre que le Nil lui-même, qui après avoir traverſé la mer, reparoiſſoit dans l'iſle de Délos.

(3) Villes de la Laconie, où Diane étoit ſpécialement honorée. C'étoit-là qu'on voyoit ce fameux autel,

ἐν καὶ χρυσείας ὑποληνίδας ἐπλήσαντο
ὕδατος, ὄφρ' ἐλάφοισι ποτὸν θυμάρμενον εἴη.
Αὐτὴ δ' ἐς πατρὸς δόμον ἔρχεαι· οἱ δέ σ' ἐφ' ἕδρην
πάντες ὁμῶς καλέουσι· σὺ δ' Ἀπόλλωνι παρίζεις.

Ἡνίκα δ' αἱ Νύμφαι σε χορῷ ἔνι κυκλώσονται
ἀγχόθι πηγάων Αἰγυπτίου Ἰνωποῖο,
ἢ Πιτάνης, (καὶ γὰρ Πιτάνη σέθεν) ἢ ἐνὶ Λίμναις·
ἢ ἵνα, δαῖμον, Ἁλὰς Ἀραφηνίδας οἰκήσουσα
ἦλθες ἀπὸ Σκυθίης, ἀπὸ δ' εἴπαο τέθμια Ταύρων·
μὴ νειὸν τημοῦτος ἐμαὶ βόες εἵνεκα μισθοῦ
τετράγυον τέμνοιεν ὑπ' ἀλλοτρίῳ ἀροτῆρι.

---

où les jeunes Lacédémoniens ſubiſſoient l'épreuve du fouet (*V. S. Empir. Hypoth. lib. III, p. 153*).

(4) Les Araphéniens faiſoient partie de la tribu Ægéide parmi les Athéniens. Ils habitoient un petit bourg appelé *Ales*, (Ἁλαὶ) où l'on diſoit qu'Oreſte, par l'ordre de Diane, avoit laiſſé la ſtatue de cette Déeſſe qu'il avoit enlevée dans la Tauride (*vid. Euripid. Iphig. Taurid. v. 1450*).

(5) J'ai cru pouvoir haſarder cette expreſſion, pour rendre d'une façon moins commune ce que le texte ſignifie : *puiſſai-je n'avoir point loué mes bœufs pour labourer une journée !*

Η῀ γάρ κεν γυῖά τε καὶ αὐχένα κεκμηκυῖαι
κόπρον ἔπι προγένοιντο, καὶ εἰ Τυμφαιίδες εἶεν,
εἰναετιζόμεναι, κεραλκέες, αἳ μέγ' ἄρισται
τέμνειν ὦλκα βαθεῖαν· ἐπεὶ θεὸς οὔποτ' ἐκεῖνον
ἦλθε παρ' Ἥλιος καλὸν χορόν· ἀλλὰ θεῆται,
δίφρον 'ἐπιστήσας, τὰ δὲ φάεα μηκύνονται.

Τίς δαὶ νύ τοι νήσων, ποῖον δ' ὄρος εὔαδε πλεῖστον;
τίς δαὶ λιμήν; ποίη δαὶ πόλις; Τίνα δ' ἔξοχα Νυμφέων
φίλαο, καὶ ποίας ἡρωΐδας ἔσχες ἑταίρας;
Εἰπὲ, θεὴ, σὺ μὲν ἄμμιν, ἐγὼ δ' ἑτέροισιν ἀείσω.

Νήσων μὲν Δολίχη, πολίων δέ τοι εὔαδε Πέργη,
Τηΰγετον δ' ὀρέων, λιμένες γε μὲν Εὐρίποιο.

---

(1) Littéralement : *l'espace de quatre arpens*, ce que le Poëte n'exprime ici que pour dire *la journée.*

(2) Ville de l'Épire : on sait que cette province étoit renommée pour les bœufs qu'on en tiroit.

(3) L'expression du texte est bien plus poëtique : *trop fatigués des genoux & du col.*

(4) L'une des Cyclades, plus connue sous le nom d'Icare, & où une colonie de Milésiens avoit établi le culte de Diane Tauropole.

pendant la journée *(1)!* Fussent-ils de la race de ces taureaux de Tymphée *(2)*, si renommés pour tracer les plus pénibles sillons ; fussent-ils dans la vigueur de leur âge & dans la force de leurs cornes, avec trop de peine & de fatigue *(3)* ils reviendroient à l'étable, puisque le Soleil, ravi du spectacle charmant de tes fêtes, arrête son char pour les voir plus long-temps, & prolonge le jour.

Mais quelle île, quelle montagne, quelle cité, quel port te plaît davantage ? Quelle Nymphe te fut la plus chère ! Quelles héroïnes ont été tes compagnes ? Déesse, instruis ton Poëte, il instruira les autres à son tour.

Parmi les îles, Doliché *(4)*; parmi les cités, Pergé *(5)*; parmi les montagnes, le Taygète *(6)*; parmi les ports, ceux de l'Euripe *(7)*: voilà les lieux qui t'ont plû davantage. La Nymphe qui

---

(5) Ville de Pamphylie, où Diane avoit un temple auquel étoit attaché le droit d'asyle.

(6) Montagne de la Laconie, où l'on trouvoit beaucoup de chèvres, de sangliers, d'ours & de cerfs.

(7) Le culte de Diane étoit singulièrement en

te fut la plus chère, ce fut la Nymphe de Gortys, cette Nymphe redoutée des faons, Britomartis au coup-d'œil assuré. Minos, brûlant pour ses charmes, la poursuivit long-temps sur les montagnes de Crète ; mais elle se cachoit tantôt sous des chênes touffus, tantôt au fond des marais. Neuf mois entiers il erra parmi les précipices & les monts. Enfin il étoit près de l'atteindre, lorsqu'elle s'élança du haut d'un rocher dans les flots. Les filets d'un pêcheur la sauvèrent, & c'est de-là que la Nymphe, & le roc d'où elle s'étoit précipitée, reçurent des Cydoniens *(1)* l'une le nom de *Dictynne*, l'autre celui de *Dicté (2)*. Ils lui ont aussi dressé des autels, & consacré des fêtes. Les couronnes qu'ils y portent, sont de jonc ou de pin ; le myrthe en est banni ; le myrthe est haï de la Nymphe, parce qu'une branche de cet arbre s'embarrassant dans sa robe, l'avoit arrêtée dans sa fuite. O Diane, à tous les noms sous lesquels tu es

---

honneur dans toutes les villes qui bordoient le détroit de l'Euripe, tant sur la côte de Béotie que sur celle de l'Eubée, telles qu'Aulis, Délium, Amarynthe, &c.

Ἔξοχα δ' ἀλλάων Γορτυνίδα φίλαο Νύμφην,
ἐλλοφόνον, Βριτόμαρτιν ἐΰσκοπον· ἧς ποτὲ Μίνως
πτοιηθεὶς ὑπ' ἔρωτι κατέδραμεν οὔρεα Κρήτης.
Ἡ δ' ὁτὲ μὲν λασίῃσιν ὑπὸ δρυσὶ κρύπτετο Νύμφη,
ἄλλοτε δ' εἱαμενῇσιν· ὁ δ' ἐννέα μῆνας ἐφοίτα
παίπαλά τε κρημνούς τε, καὶ οὐκ ἀνέπαυσε διωκτὺν,
μέσφ' ὅτε, μαρπτομένη καὶ δὴ σχεδὸν, ἥλατο πόντον
πρηόνος ἐξ ὑπάτοιο, καὶ ἔνθορεν εἰς ἁλιήων
δίκτυα, τά σφ' ἐσάωσεν· ὅθεν μετέπειτα Κύδωνες
Νύμφαν μὲν, Δίκτυνναν, ὄρος δ', ὅθεν ἥλατο Νύμφη,
Δικταῖον καλέουσιν. Ἀνεστήσαντο δὲ βωμοὺς,
ἱερά τε ῥέζουσι· τὸ δὲ στέφος ἤματι κείνῳ
ἢ πίτυς, ἢ σχῖνος· μύρτοιο δὲ χεῖρες ἄθικτοι.
Δὴ τότε γὰρ πέπλοισιν ἐνέσχετο μύρσινος ὄζος
τῆς κούρης, ὅτ' ἔφευγεν· ὅθεν μέγα χώσατο μύρτῳ.

---

(1) Colonie de Samiens qui avoient bâti la ville de Cydon en Crète.

(2) Noms grecs dérivés du mot *δίκτυα*, qui ſignifie des filets. Callimaque paroît avoir confondu ici le mont Dicté, ſitué à l'orient de la Crète, & célèbre par le culte de Jupiter, qu'on diſoit y avoir été nourri, avec le mont Dictynéen, ſitué à l'occident de la même île, & près la ville de Cydon.

Οὖπι, ἄνασσ' εὐῶπι, φαεσφόρε, καὶ δέ σε κείνης
Κρηταέες καλέουσιν ἐπωνυμίην ἀπὸ Νύμφης.

Καὶ μὴν Κυρήνην ἑταρίσσαο, τῇ ποτ' ἔδωκας
αὐτὴ θηρητῆρε δύω κύνε, τοῖς ἔνι κούρη
Ὑψηῒς παρὰ τύμβον Ἰώλκιον ἔμμορ' ἀέθλου.
Καὶ Κεφάλου ξανθὴν ἄλοχον Δηϊονίδαο,
πότνια, σὴν ὁμόθηρον ἐθήκαο· καὶ δέ σε φασὶ
καλὴν Ἀντίκλειαν ἴσον φαέεσσι φιλῆσαι,
αἳ πρῶται θοὰ τόξα καὶ ἀμφ' ὤμοισι φαρέτρας
ἰοδόκους ἐφόρησαν· ἀσύλωτοι δέ φιν ὦμοι
δεξιτεροὶ, καὶ γυμνὸς ἀεὶ παρεφαίνετο μαζός.
Ἤνησας δ' ἔτι πάγχυ ποδορρώην Ἀταλάντην
κούρην Ἰασίοιο συοκτόνον Ἀρκασίδαο,
καί ἑ κυνηλασίην τε καὶ εὐστοχίην ἐδίδαξας.

---

(1) Littéralement : *Oupi, reine aux beaux yeux, porteuse de flambeaux !* J'ai déjà rendu raison du dernier de ces surnoms. L'étymologie du premier n'est pas si facile à expliquer. Le plus grand nombre des Commentateurs penche à croire qu'il est dérivé du mot grec ὀπίζεσθαι, qui signifie *secourir*, & qu'on donnoit ce surnom à Diane à cause de l'emploi qu'elle avoit de secourir les femmes enceintes.

(2) La fille d'Hypsée.

honorée *(1)*, les Crétois ont encore ajouté celui de cette Nymphe.

Cyrène *(2)* fut aussi ta compagne: tu lui donnas deux chiens, qui jadis, au tombeau de Pélias, lui valurent la victoire *(3)*. Tu permis aussi de te suivre, à la blonde épouse du fils de Dioné *(4)*. La belle Anticlée *(5)*, dit-on, fut également l'objet de ta tendresse. Ces Nymphes furent les premières à s'armer d'arcs flexibles, & de carquois pleins de flèches, en se découvrant toujours l'épaule droite *(6)* & le sein. Mais tu distinguas sur toutes la fille de l'Arcadien Iasius, la légère Atalante, que toi-même instruisis à conduire une meute, à lancer des traits; Atalante, que ne purent

---

(3) Près d'Iolchos. C'étoit-là que Cyrène, selon la Fable, avoit combattu contre un lion & l'avoit terrassé.

(4) Procris épouse de Céphale.

(5) Anticlée n'est point connue dans la Fable. La mère d'Ulysse s'appeloit Anticlée, mais ce ne peut être de cette héroïne que le Poëte ait voulu parler.

(6) L'expression grecque est remarquable; littéralement: *leurs épaules droites étoient indépouillables*, c'est-à-dire, *n'étoient point vêtues.*

méprifer les célèbres chaffeurs du fanglier de Calydon, puifqu'elle remporta le prix de la valeur, & que l'Arcadie pofsède encore les dents de ce monftre: Atalante, dont, au fond des enfers, Hylaüs & l'infenfé Rhœcus *(1)* voudroient en vain, malgré leur haine, calomnier l'adreffe; car leur fang, qui teignit les rochers du Ménale, dépoferoit contre eux.

Salut, o Déeffe vénérable *(2)*, Déeffe de mille cités, Déeffe du Chéfius, de l'Imbrafus *(3)*, Déeffe de Chitoné *(4)*; véritable citoyenne de Milet; car ce fut toi que Nélée prit pour guide en quittant les rivages de Cécrops. C'eft à toi qu'Agamemnon confacra le gouvernail de fon navire, pour appaifer ton courroux,

---

(1) Deux Centaures qui avoient voulu attenter à la pudeur d'Atalante, & que cette héroïne tua à coups de flèches fur le mont Ménale.

(2) Le texte ajoute: *Déeffe affife au premier trône*, πρωτόθρονε, autre furnom de Diane, dont je n'ai pu trouver l'étymologie.

(3) Le Chéfius & l'Imbrafus étoient, l'un un promontoire, l'autre un fleuve de l'île de Samos, où Diane étoit fpécialement honorée.

(4) Chitoné étoit un bourg de l'Attique. Lorfque

Οὐ μὲν ἐπίκλητοι Καλυδωνίου ἀγρευτῆρες
μέμφονται κάπροιο· τὰ γὰρ σημήια νίκης
Ἀρκαδίην εἰσῆλθεν, ἔχει δ' ἔτι θηρὸς ὀδόντας.
Οὐδὲ μὲν Ὑλαῖόν τε καὶ ἄφρονα Ῥοῖκον ἔολπα,
οὐδέ περ ἐχθαίροντας, ἐν Ἄϊδι μωμήσεσθαι
τοξότιν· οὐ γάρ σφιν λαγόνες συνεπιψεύσονται,
τάων Μαιναλίη νᾶεν φόνῳ ἀκρώρεια.

Πότνια, πουλυμέλαθρε, πολύπτολι, χαῖρε, Χιτώνη,
Μιλήτῳ ἐπίδημε, (σὲ γὰρ ποιήσατο Νηλεὺς
ἡγεμόνην, ὅτε νηυσὶν ἀνήγετο Κεκροπίηθεν)
Χησιὰς, Ἰμβρασίη, πρωτόθρονε. Σοὶ δ' Ἀγαμέμνων
πηδάλιον νηὸς σφετέρης ἐγκάτθετο νηῷ,

Nilée, fils de Codrus, étoit parti, avec une colonie d'Athéniens, pour fonder la ville de Milet, un Oracle lui avoit ordonné d'élever à Diane une ſtatue faite de toutes ſortes de bois. En paſſant à Chitoné, le jour où les habitans de ce bourg y célébroient une fête, Nilée vit un grand arbre auquel ils avoient attaché des fruits de toutes les eſpèces, & ce fut de cet arbre qu'il fit faire la ſtatue que l'Oracle lui avoit ordonné de conſacrer à la Déeſſe. Arrivé à Milet, il y inſtitua une fête ſolennelle, que, depuis, les Miléſiens, & même leurs différentes colonies, célébrèrent conſtamment chaque année, ſous le nom de fête Niléenne.

μείλιον ἀπλοΐης, ὅτε οἱ κατέδησας ἀήτας,
Τεύκρων ἡνίκα νῆες Ἀχαιΐδες ἄστεα κήδειν
ἔπλεον, ἀμφ' Ἑλένῃ Ῥαμνουσίδι θυμωθεῖσαι.
Ἦ μέν τοι Προῖτός γε δύω ἐκαθίσσατο νηούς·
ἄλλον μὲν ΚΟΡΙΗΣ, ὅτι οἱ συνελέξαο κούρας
οὔρεα πλαζομένας Ἀζήνια· τὸν δ' ἐνὶ Λούσοις
ΗΜΕΡΗ, οὕνεκα θυμὸν ἀπ' ἄγριον εἵλεο παίδων.
Σοὶ καὶ Ἀμαζονίδες, πολέμου 'πιθυμήτειραι,
ἔν κοτε παρραλίῃ Ἐφέσου βρέτας ἱδρύσαντο
φηγῷ ὑπὸ πρέμνῳ. Τέλεσεν δέ τοι ἱερὸν Ἱππώ·
Αὐταὶ δ', Οὖπι ἄνασσα, περὶ πρύλιν ὠρχήσαντο,
πρῶτα μὲν ἐν σακέεσσιν ἐνόπλιον, αὖθι δὲ κύκλῳ
στησάμεναι χορὸν εὐρύν. Ὑπήεισαν δὲ λίγειαι
λεπταλέον σύριγγες, ἵνα πλήσσωσιν ὁμαρτῆ·
(οὐ γάρ πω νέβρεια δι' ὀστέα τετρήνοντο,

(1) Le Poëte lui donne l'épithète de *Rhamnusienne*, parce que, selon quelques Mythologues, c'étoit à Rhamnuse, petite ville de l'Attique, que Némésis, & non Léda, avoit donné le jour à Hélène.

(2) Telle est la signification du nom grec Κορίης.

(3) Montagne d'Arcadie.

(4) Petite ville d'Arcadie, où l'on disoit que Mélampus

lorſqu'enchaînant les vents, tu retenois les Grecs impatiens de ſaccager Ilion, & de venger leur Hélène *(1)*. C'eſt à toi que Prœtus éleva deux temples, l'un ſous le nom de *Déeſſe favorable aux filles (2)*, parce que tu lui ramenas ſes filles errantes ſur le mont Azénien *(3)*; l'autre dans la ville de Luſſa *(4)*, ſous le nom de *la douce Déeſſe*, parce que tu ſus adoucir la rage féroce qui les poſſédoit. C'eſt à toi que jadis, aux rivages d'Éphèſe, les Amazones érigèrent une ſtatue ſur le tronc d'un hêtre. Là, tandis qu'Hippo *(5)* t'offroit un ſacrifice, ces femmes, amies de la guerre, dansèrent d'abord, avec leurs boucliers, la danſe des armes *(6)*, puis ſe réunirent en chœur autour de ton autel. Leurs mouvemens agiles faiſoient réſonner leurs carquois, & retentir la terre ſous leurs pieds. La flûte, cet ouvrage de Minerve, ſi funeſte aux

---

avoit achevé de guérir les filles de Prœtus de la rage qui les poſſédoit. Ce nom ſeul de *Luſſa*, qui, en grec, ſignifie *rage*, rappeloit la mémoire de cet évènement.

(5) Hygin *(Fabl. CCXXIV)*, nomme Otréré la reine des Amazones que Callimaque appelle Hippo.

(6) La Pyrrhique : j'en ai déjà parlé dans les notes ſur l'hymne à Jupiter.

faons, n'étoit pas encore inventée *(1)*; mais le ſon des chalumeaux leur marquoit la cadence, & l'écho le répétoit juſque dans Sardes & dans Bérécynthe. Dans les âges ſuivans, on conſtruiſit autour de cette ſtatue un vaſte temple; le Soleil n'en verra jamais de plus beau ni de plus riche; il l'emporte ſur le temple même de Pytho. Jadis l'inſolent Lygdamis *(2)* menaça d'en piller les tréſors. Du fond des climats Hyperborées, que la fille d'Inachus a rendu ſi célèbres, il traînoit à ſa ſuite ces fiers Hippimolges, qui égaloient en nombre les grains de ſable de la mer *(3)*.

---

(1) Littéralement: *on n'avoit pas encore percé les os des faons.* Les Anciens, dans les premiers temps, faiſoient leurs flûtes avec les os des jambes des faons. La plupart des Mythologues attribuoient l'honneur de cette invention à Minerve, quoique les monumens hiſtoriques l'attribuent au Phrygien Hyagnis.

(2) Callimaque veut parler ici de cette invaſion que les Scythes firent en Aſie vers la XXXVI.[e] Olympiade, environ cinq cents trente ans avant l'ère Chrétienne. Selon Strabon *(lib. 1, p. 106*, B.) Lygdamis, l'un de leurs chefs, périt effectivement, mais loin d'Éphèſe, & dans la Cilicie. Héſychius *(voce Λύγδαμις)* dit non-ſeulement qu'il menaça de piller le temple de Diane, mais qu'il le brûla.

ἔργον Ἀθηναίης, ἐλάφῳ κακόν) ἔδραμε δ' ἠχὼ
Σάρδιας, ἔς τε νομὸν Βερεκύνθιον· αἱ δὲ πόδεσσιν
οὖλα κατεκροτάλιζον, ἐπεψόφεον δὲ φαρέτραι.
Κεῖνο δέ τοι μετέπειτα περὶ βρέτας εὐρὺ θέμεθλον
δωμήθη· τοῦ δ' οὔτι θεώτερον ὄψεται Ἠώς,
οὐδ' ἀφνειότερον· ῥέα κεν Πυθῶνα παρέλθοι.
Τῷ ῥα καὶ ἠλαίνων ἀλαπαξέμεν ἠπείλησε
Λύγδαμις ὑβριστής. Ἐπὶ δὲ στρατὸν ἱππημολγῶν
ἤλασε Κιμμερίων, ψαμάθῳ ἴσον, οἵ ῥα παρ' αὐτὸν
κεκλιμένοι ναίουσι βοὸς πόρον Ἰναχιώνης.

---

(3) Littéralement : *il avoit amené une armée, égale aux grains de ſable, de ces Cimmériens hippimolges qui habitent auprès du détroit de la geniſſe Inachienne.* On ſait que le boſphore Cimmérien devoit ſon nom de Boſphore & ſa célébrité à la fille d'Inachus, qui avoit traverſé la mer dans cet endroit lorſqu'elle erroit dans les pays ſeptentrionaux, ſous la forme d'une geniſſe. Parmi les différens peuples de cette contrée, il y en avoit un qui paſſoit, chez les Grecs, pour ne ſe nourrir que de lait de jument, & qu'ils qualifioient pour cette raiſon *d'hippimolges,* nom qui, en grec, ſignifie *trayeurs de jument.* Comme je n'aurois pu rendre ce mot dans ma verſion que par une très-longue périphraſe, j'en ai fait un nom propre, quoique dans le texte ce ne ſoit qu'une épithète du nom général de Cimmérien.

Αἶ δειλὸς βασιλέων, ὅσον ἤλιτεν· οὐ γὰρ ἔμελλεν
οὔτ' αὐτὸς Σκυθίηνδε παλιμπετὲς, οὔτε τις ἄλλος,
ὅσσων ἐν λειμῶνι Καϋστρίῳ ἔσταν ἅμαξαι,
νοστήσειν· Ἐφέσου γὰρ ἀεὶ τεὰ τόξα προὔκειται.

Πότνια, Μουνυχίη, λιμενοσκόπε, χαῖρε, Φεραίη.

Μή τις ἀτιμήσῃ τὴν Ἄρτεμιν· οὐδὲ γὰρ Οἰνεῖ
βωμὸν ἀτιμήσαντι καλοὶ πόλιν ἦλθον ἀγῶνες.
Μηδ' ἐλαφηβολίην, μηδ' εὐστοχίην ἐριδαίνειν·
οὐδὲ γὰρ Ἀτρείδης ὀλίγῳ ἐπεκόμπασε μισθῷ.
Μηδέ τινα μνᾶσθαι τὴν παρθένον· οὐδὲ γὰρ Ὦτος,
οὐδὲ μὲν Ὠαρίων ἀγαθὸν γάμον ἐμνήστευσαν.

---

(1) Fleuve de Lydie, qui, prenant sa source près du mont Tmolus & de la ville de Sardes, se jetoit dans la mer près d'Éphèse.

(2) On appeloit ainsi un des ports de la ville d'Athènes. Diane y avoit un Temple.

(3) Ville de Thessalie. Une tradition particulière (*Tzetz. ad Lycophr.*) portoit que la déesse Hécate, qui étoit la même que Diane, y étoit née des amours de Jupiter avec la nymphe Phéra, fille d'Æole.

(4) Callimaque paroît adopter la même tradition

O le plus malheureux des Rois! quel étoit son espoir? ni lui, ni aucun de ces barbares dont les chars avoient foulé les rives du Caystre *(1)*, ne devoit revoir sa patrie; car tes flèches ont toujours défendu ton Éphèse.

Gloire à la Déesse de Munychie *(2)*, à la Déesse des ports & de Phérès *(3)*.

Mortels, craignez de ne pas honorer Diane. Si jadis Oinée négligea de parer ses autels, vous savez quels assauts il eut à soutenir *(4)*. N'allez point la défier dans l'art de prendre un cerf, de lancer un javelot; cet orgueil coûta cher aux Atrides. N'aspirez point aux faveurs d'une Déesse toujours Vierge; Orion, Otus *(5)* en ont trop éprouvé le danger. Ne refusez point de

---

qu'Homère sur la fable du sanglier de Calydon. *Voy. l'Iliad. liv. IX, trad. de M. de Rochefort.*

Contre l'Ætolien, le fier Curète armé,
Entouroit Calydon, d'un long siége alarmé.
Sur ces deux Nations, Diane mécontente,
Avoit soufflé les feux d'une guerre sanglante.
La fille de Latone avoit vu ses autels
Negligés par Oinée, en des jours solennels, &c.

(5) Les Fables d'Orion & d'Otus sont connues.

danſer dans ſes fêtes; Hippo ne l'a point refuſé ſans avoir eu bien des larmes à verſer *(1)*.

Salut, o puiſſante Déeſſe ! ſois propice à ton Poëte.

---

(1) Peut-être faudroit-il lire dans le texte, Ἱππὴ; car il eſt vraiſemblable qu'il s'agit ici de cette fille du Centaure Chiron, nommée Hippé, que Callimaque, dans un autre ouvrage, (s'il en faut croire Hygin,

Μηδὲ χορὸν φεύγειν ἐνιαύσιον· οὐδὲ γὰρ Ἱππὼ
ἀκλαυτεὶ περὶ βωμὸν ἀπείπατο κυκλώσασθαι.

Χαῖρε, μέγα κρείουσα, καὶ εὐάντησον ἀοιδῇ.

Poëtic. astron. c. 18) disoit avoir été métamorphosée en cavale, par un effet de la colère de Diane, irritée de ce que cette Nymphe, qui s'étoit d'abord adonnée à son culte & aux exercices de la chasse, avoit ensuite cessé de l'honorer.

V I.

ΕΙΣ ΤΗΝ ΔΗΛΟΝ.

ΤῊΝ ἱερὴν, ὦ θυμὲ, τίνα χρόνον ἢ πότ' ἀείσεις
Δῆλον, Ἀπόλλωνος κουροτρόφον; Ἦ μὲν ἅπασαι
Κυκλάδες, αἳ νήσων ἱερώταται εἰν ἁλὶ κεῖνται,
εὔυμνοι· Δῆλος δ' ἐθέλει τὰ πρῶτα φέρεσθαι
ἐκ Μουσέων, ὅτι Φοῖβον, ἀοιδάων μεδέοντα
λοῦσέ τε καὶ σπείρωσε, καὶ ὡς θεὸν ἤνεσε πρώτη.
Ὡς Μοῦσαι τὸν ἀοιδὸν, ὃ μὴ Πίμπλειαν ἀείσῃ,
ἔχθουσιν, τὼς Φοῖβος, ὅτις Δήλοιο λάθηται.
Δήλῳ νῦν οἴμης ἀποδάσσομαι, ὡς ἂν Ἀπόλλων
Κύνθιος αἰνήσῃ με φίλης ἀλέγοντα τιθήνης.

Κείνη δ' ἠνεμόεσσα καὶ ἄτροπος, οἷά θ' ἁλιπλὴξ,
αἰθυίης καὶ μᾶλλον ἐπίδρομος ἠέπερ ἵπποις,

---

(1) Montagne de Thrace, où l'on voyoit une fontaine consacrée aux Muses.

(2) Oiseaux dont les cris, selon les Anciens, annonçoient les tempêtes :

Que je plains les Nochers, quand je vois dans les airs

HYMNE SIXIÈME.

EN L'HONNEUR DE DÉLOS.

DANS quel temps, o ma Muſe, en quel jour chanteras-tu la Nourrice d'Apollon, l'île ſacrée de Délos? Sans doute les Cyclades méritent toutes d'être chantées, elles ſont les plus ſaintes des Iſles; mais Délos veut ton premier hommage. C'eſt elle qui reçut le Dieu des Poëtes au ſortir du ſein de ſa mère; c'eſt elle qui l'enveloppa de langes & l'adora la première. Ainſi que les Muſes dédaignent le Poëte qui ne chante pas les eaux de Pimplée *(1)*, ainſi Phœbus dédaigne celui qui peut oublier Délos. Délos recevra donc aujourd'hui le tribut de mes vers; & toi, Dieu du Cinthius, applaudis au Poëte qui n'aura point négligé ta Nourrice.

Délos, terre ingrate, il eſt vrai, battue des vents & des flots, voit ſur ſes rives moins de courſiers que de plongeons *(2)*. Inébranlablement

Les plongeons à grands cris quitter le ſein des mers!
Virgil. *Georg. lib. II*, trad. de M. l'Abbé de Lille.

fixée dans la mer Icarienne, dont les vagues amoncelées rejettent leur blanchiſſante écume ſur ſes bords, elle ſemble n'être faite que pour ſervir de retraite à ces hommes errans, qui s'arment contre les habitans de l'onde *(1)*. Toutefois, quand les filles de l'Océan & de Téthys *(2)* ſe raſſemblent chez leur père, toutes, ſans envie, cèdent le pas à Délos. La Corſe, bien qu'elle-même ne ſoit pas ſans honneur, la Corſe *(3)* ne marche qu'après elle, ainſi que l'aimable Sardaigne, ainſi que l'Iſle aux rivages prolongés *(4)*, qu'ont peuplée les Abantes, & celle qui, pour avoir accueilli Vénus au ſortir de l'onde *(5)*, a toujours reſſenti ſes bienfaits.

---

(1) J'aurois pu rendre cet endroit d'une manière plus conciſe, mais la verſion n'auroit point répondu aux expreſſions poëtiques du texte.

(2) C'eſt-à-dire les îles, que les Mythologues diſoient, allégoriquement, être filles de l'Océan & de Thétys; donnant alors le nom de Thétys à la Terre même, quoiqu'ordinairement Thétys paſsât pour être fille de la Terre. *Schol. Homer. ad Iliad. V, v. 201.*

(3) Callimaque ſemble ici donner à la Corſe le premier rang parmi les îles après Délos, tandis que la plupart des Auteurs ne lui aſſignent que la ſeptième ou huitième place, après la Sicile, la Sardaigne, &c. Les Anciens ont parlé

πόντῳ ἐνεστήρικται· ὁ δ' ἀμφί ἑ πουλὺς ἑλίσσων,
Ἰκαρίου πολλὴν ἀπομάσσεται ὕδατος ἄχνην·
τῷ σφε καὶ ἰχθυβολῆες ἁλίπλοοι ἐννάσσαντο.
Ἀλλά οἱ οὐ νεμεσητὸν ἐνὶ πρώτῃσι λέγεσθαι,
ὁππότ' ἐς Ὠκεανόν τε καὶ ἐς Τιτηνίδα Τηθὺν
νῆσοι ἀολλίζονται· ἀεὶ δ' ἔξαρχος ὁδεύει.
Ἡ δ' ὄπιθεν Φοίνισσα μετ' ἴχνια Κύρνος ὀπηδεῖ,
οὐκ ὀνοτή· καὶ Μάκρις Ἀβαντιὰς Ἑλλοπιήων,
Σαρδώ θ' ἱμερόεσσα, καὶ ἣν ἐπενήξατο Κύπρις
ἐξ ὕδατος τὰ πρῶτα, σαοῖ δέ μιν ἀντ' ἐπιβάθρων.

---

bien diverſement de la fertilité de cette île, de la ſalubrité de l'air qu'on y reſpire, & du caractère de ſes habitans. Le Poëte lui donne l'épithète de *Phœnicienne*, parce qu'on croyoit que c'étoit une colonie de Carthaginois, originaires de Phœnicie, qui l'avoit peuplée. *Bochart. de colon. Phœn. lib. 1, c. 32.*

(4) C'eſt ainſi qu'on appeloit anciennement l'Eubée, à cauſe de ſa longueur & de ſon peu de largeur. Le Poëte la déſigne auſſi par le nom de l'*île Abantiade des Ellopiens*, parce qu'on croyoit qu'elle avoit été originairement peuplée par une nation ſortie de la Thrace, nommée les Abantes, & enſuite par une colonie qu'Ellops, fils d'Ion, y avoit conduite. *Ariſtoph. Nub.*

(5) L'île de Cypre.

Κεῖναι μὲν πύργοισι περισκεπέεσσιν ἐρυμναί·
Δῆλος δ' Ἀπόλλωνι· τί δὲ στιβαρώτερον ἕρκος;
Τείχεα μὲν καὶ λᾶες ὑπαὶ ῥιπῆς κε πέσοιεν
Στρυμονίου Βορέαο· θεὸς δ' αἰεὶ ἀστυφέλικτος.
Δῆλε φίλη, τοῖός σε βοηθόος ἀμφιβέβηκεν.

Εἰ δὲ λίην πολέες σε περιτροχόωσιν ἀοιδαὶ,
ποίῃ ἐνιπλέξω σε; τί σοι θυμῆρες ἀκοῦσαι;
Ἢ ὡς τὰ πρώτιστα μέγας θεὸς οὔρεα θείνων
ἄορι τριγλώχινι, τό οἱ Τελχῖνες ἔτευξαν,
νήσους εἰναλίας εἰργάζετο, νέρθε δὲ πάσας
ἐκ νεάτων ὤχλισσε καὶ εἰσεκύλισε θαλάσσῃ;
Καὶ τὰς μὲν κατὰ βένθος, ἵν' ἠπείροιο λάθωνται,
πρυμνόθεν ἐρρίζωσε· σὲ δ' οὐκ ἔθλιψεν ἀνάγκη,
ἀλλ' ἄφετος πελάγεσσιν ἐπέπλεες. Οὔνομα δ' ἦν σοι
ΑΣΤΕΡΙΗ τοπαλαιὸν, ἐπεὶ βαθὺν ἥλαο τάφρον
οὐρανόθεν, φεύγουσα Διὸς γάμον, ἀστέρι ἴση.

---

(1) Nom qu'on donnoit dans la Fable aux premiers Artisans qui avoient forgé le fer.

(2) Il faut se rappeler ici le récit mythologique d'Hygin, qui dit qu'Astérie, l'une des filles du Ciel & de la Terre, voulant échapper aux poursuites de Jupiter qui l'aimoit,

La force de ces Isles est dans leurs tours : celle de Délos est dans Apollon ; quel rempart est plus ferme ? Souvent le souffle impétueux de Borée renversa les murs & les pierres ; mais un Dieu n'est jamais ébranlé. Heureuse Isle, tel est, à toi, ton gardien !

Mais au milieu de la vaste carrière que ta gloire ouvre à mes chants, quelle route suivrai-je pour te plaire ? Dirai-je comment un Dieu terrible, d'un coup du trident que lui avoient fabriqué les Telchines *(1)*, sapa les montagnes, les arracha de leurs fondemens, & les faisant rouler dans la mer, en forma les premières Isles ? Dirai-je qu'il les fixa toutes dans l'abîme, par de profondes racines, pour leur faire oublier le continent, tandis que toi, libre & sans contrainte, tu nageois sur les eaux ? Tu t'appelois d'abord ASTÉRIE, parce que jadis, telle qu'un astre rapide, tu t'étois élancée du Ciel au fond de la mer, pour échapper aux poursuites du Dieu de l'Olympe *(2)*; & jusqu'au temps où l'aimable

---

s'étoit métamorphosée en caille, & s'étoit plongée dans la mer, où elle devint une île flottante appelée d'abord Astérie, ou Ortygie, (du nom grec de l'oiseau dont la

Latone se réfugia dans ton sein, tu n'avois point porté d'autre nom. Souvent le nocher qui, du port de Trœzène *(1)*, faisoit voile pour Éphyre *(2)*, t'apercevoit dans le golfe Saronique *(3)*; & souvent il te cherchoit vainement au retour : une course légère t'avoit portée vers le détroit où mugissent les flots resserrés de l'Euripe *(4)*; d'où quelquefois, dans le même jour, dédaignant la mer de Chalcis *(5)*, tu avois nagé soit jusqu'aux rochers de Sunium *(6)*, soit jusqu'aux rives de Chio, soit enfin jusqu'aux bords de l'humide Parthénie *(7)*, dans cette plage où les Nymphes de Mycale *(8)*, voisines

---

Nymphe avoit pris la figure), & qui ne porta le nom de Délos qu'après qu'elle fut devenue stable. *Hygin. fab.* 53.

(1) J'ai cru devoir adopter la correction proposée par M. Runhckenius, qui pense qu'il faudroit lire ἀλιξάντοιο au lieu de ἀπὸ Ξάνθοιο, l'Histoire ni la Fable ne faisant mention d'aucun Prince ou Héros du nom de Xanthus, parmi ceux qui ont illustré la ville de Trœzène.

(2) Ancien nom de la ville de Corinthe.

(3) Ainsi nommé, dit la Fable, parce qu'un roi de Trœzène, appelé Saron, s'y étoit précipité dans un accès de fureur.

Τόφρα μὲν οὔπω σοι χρυσέη ἐπεμίσγετο Λητώ,
τόφρα δ' ἔτ' Ἀστερίη σὺ, καὶ οὐδέ πω ἔκλεο Δῆλος.
Πολλάκι σ' ἐκ Τροιζῆνος, ἀλιξάντοιο πολίχνης,
ἐρχόμενοι Ἐφύρηνδε, Σαρωνικοῦ ἔνδοθι κόλπου
ναῦται ἐπεσκέψαντο, καὶ ἐξ Ἐφύρης ἀνιόντες,
οἱ μὲν ἔτ' οὐκ ἴδον αὖθι· σὺ δὲ στεινοῖο παρ' ὀξὺν
ἔδραμες Εὐρίποιο πόρον καναχηδὰ ῥέοντος·
Χαλκιδικῆς δ' αὐτῆμαρ ἀνηναμένη ἁλὸς ὕδωρ,
μέσφ' ἐς Ἀθηναίων προσενήξαο Σούνιον ἄκρον,
ἢ Χίον, ἢ νήσοιο διάβροχον ὕδατι μαστὸν
Παρθενίης, (οὔπω γὰρ ἔην Σάμος) ἧχί σε Νύμφαι
γείτονες Ἀγκαίου Μυκαλησίδες ἐξείνισσαν.

---

(4) Détroit qui ſéparoit l'Eubée de la Béotie.

(5) Ville de l'Eubée, ſituée ſur l'Euripe.

(6) Promontoire de l'Attique.

(7) C'eſt ainſi qu'on appeloit anciennement l'île de Samos; & voilà pourquoi le Poëte ajoute en parenthèſe, *Samos n'étoit point encore ſon nom.* On lui avoit donné ce nom de Parthénie, (du mot Παρθένος, qui ſignifie *vierge)*, à cauſe que Junon, ſelon la Fable, y étoit née, & y avoit paſſé le temps de ſa virginité.

(8) Promontoire de l'Aſie mineure, ſitué à la hauteur de Samos.

Ἡνίκα δ' Ἀπόλλωνι γενέθλιον οὖδας ὑπέσχες,
τοῦτό τοι ἀντημοιβὸν ἁλίπλοοι οὔνομ' ἔθεντο,
οὕνεκεν οὐκέτ' ἄδηλος ἐπέπλεες, ἀλλ' ἐνὶ πόντου
κύμασιν Αἰγαίοιο ποδῶν ἐνεθήκαο ῥίζας.

Οὐδ' Ἥρην κοτέουσαν ὑπέτρεσας. Ἡ μὲν ἁπάσαις
δεινὸν ἐπεβρωμᾶτο λεχωΐσιν, αἳ Διὶ παῖδας
ἐξέφερον· Λητοῖ δὲ διακριδὸν, οὕνεκα μούνη
Ζηνὶ τεκεῖν ἤμελλε φιλαίτερον Ἄρεος υἷα.
Τῷ ῥα καὶ αὐτὴ μὲν σκοπιὴν ἔχεν αἰθέρος εἴσω,
σπερχομένη μέγα δή τι καὶ οὐ φατόν· εἶργε δὲ Λητὼ
τειρομένην ὠδῖσι· δύω δέ οἱ εἵατο φρουροὶ
γαῖαν ὀπιπεύοντες. Ὁ μὲν πέδον ἠπείροιο,
ἥμενος ὑψηλῆς κορυφῆς ἔπι Θρήϊκος Αἵμου,
θοῦρος Ἄρης ἐφύλασσε σὺν ἔντεσι· τὼ δέ οἱ ἵππω
ἑπτάμυχον Βορέαο παρὰ σπέος ηὐλίζοντο·
ἡ δ' ἐπὶ νησαίων ἑτέρη σκοπὸς εὐρειάων
ἧστο, κόρη Θαύμαντος, ἐπαΐξασα Μίμαντι.

---

(1) Nom du Chef d'une des premières colonies qui se soient établies à Samos.

(2) Le nom de Délos, en grec Δῆλος, signifie *manifeste, apparent, visible.*

du royaume d'Ancée *(1)*, t'ont cent fois donné l'hospitalité. Mais après que toi seule eus reçu Phœbus à sa naissance, les Nautonniers te donnèrent le nom de Délos, parce que tu cessas de disparoître à leurs yeux *(2)*, & que tu fixas tes racines au milieu des flots Ægéens.

Tu ne craignis donc point la colère de Junon? Son terrible courroux éclatoit contre toutes les maîtresses qui donnoient des enfans à Jupiter; mais sur-tout contre Latone, à qui le Destin promettoit un fils que son père devoit préférer à Mars même. Furieuse & transportée de rage, elle-même repoussoit du Ciel cette Nymphe en travail; tandis que par ses ordres, deux gardiens attentifs l'observoient sur la terre. Du sommet de l'Æmus *(3)* l'impitoyable Mars, tout armé, veilloit sur le continent, & ses coursiers paissoient dans l'antre aux sept bouches qui sert de retraite à Borée; pendant qu'Iris, du haut du Mimas *(4)*, veilloit sur les Isles.

---

(3) Montagne de Thrace.

(4) Montagne de l'Asie mineure, située proche la mer, & à la hauteur de l'île de Chio.

De-là ces deux divinités menaçoient toutes les villes dont Latone approchoit, & leur défendoient de la recevoir. Ainſi vit-elle fuir devant elle l'Arcadie, & le mont ſacré d'Augé *(1)*; ainſi vit-elle fuir l'antique Phénée *(2)*, & toutes les villes du Péloponnèſe voiſines de l'Iſthme; Ægialée reſta ſeule, avec Argos: Latone n'oſoit point approcher de ces lieux, arroſés par un fleuve trop aimé *(3)* de Junon. Ainſi vit-elle fuir l'Aonie *(4)* avec Dircé & Strophie *(5)* que leur père, le ſablonneux *(6)* Iſmène, entraînoit avec lui. Aſope les ſuivit, mais de loin, d'un pas tardif, & tout fumant encore des coups de la foudre *(7)*; & l'*indigène* Mélie *(8)*, épouvantée de voir l'Hélicon ſecouer ſa verte chevelure, quitta ſes danſes, pâlit, & trembla pour ſon chêne. O Muſe! o ma Déeſſe! les Nymphes, en effet, ſont

---

(1) Le Poëte déſigne ainſi le Parthénius, montagne d'Arcadie, célèbre dans la Fable par les amours d'Hercule & d'Augé, dont la naiſſance de Télèphe fut le fruit.

(2) Ville de l'Arcadie.

(3) L'Inachus.

(4) Ancien nom de la Béotie.

(5) Deux fontaines de Béotie.

Ἔνθ' οἱ μὲν πολίεσσιν, ὅσαις ἐπεβάλλετο Λητὼ,
μίμνον ἀπειλητῆρες, ἀπεστρώπων δὲ δέχεσθαι.
Φεῦγε μὲν Ἀρκαδίη, φεῦγεν δ' ὄρος ἱερὸν Αὔγης
Παρθένιον· φεῦγε δ' ὁ γέρων μετόπισθε Φεναιός·
φεῦγε δ' ὅλη Πελοπηῒς, ὅση παρακέκλιται Ἰσθμῷ,
ἔμπλην Αἰγιαλοῦ τε καὶ Ἄργεος· οὐ γὰρ ἐκείνας
ἀτραπιτοὺς ἐπάτησεν, ἐπεὶ λάχεν Ἴναχον Ἥρη.
Φεῦγε καὶ Ἀονίη τὸν ἕνα δρόμον· αἱ δ' ἐφέποντο
Δίρκη τε, Στροφίη τε, μελαμψήφιδος ἔχουσαι
Ἰσμηνοῦ χέρα πατρός· ὁ δ' εἵπετο πολλὸν ὄπισθεν
Ἀσωπὸς, βαρύγουνος, ἐπεὶ πεπάλακτο κεραυνῷ.
Ἡ δ' ὑποδινηθεῖσα χοροῦ ἀπεπαύσατο Νύμφη
αὐτόχθων Μελίη, καὶ ὑπόχλοον ἔσχε παρειὴν,
ἥλικος ἀσθμαίνουσα περὶ δρυὸς, ὡς ἴδε χαίτην
σειομένην Ἑλικῶνος. Ἐμαὶ θεαὶ, εἴπατε, Μοῦσαι,

---

(6) Fleuve de Béotie.

(7) On difoit, dans la Fable, qu'Afope, fleuve de Béotie, avoit été foudroyé parce qu'il vouloit fouftraire fa fille Ægine aux pourfuites de Jupiter.

(8) Le Poëte particularife ici le nom générique de Mélie, qui, en grec, fignifie *nymphe des bois*, & il lui donne l'épithète d'*Indigène*, c'eft-à-dire, *née dans le pays*.

ἦ ῥ' ἐτεὸν ἐγένοντο τότε δρύες ἡνίκα Νύμφαι;
Νύμφαι μὲν χαίρουσιν ὅτε δρύας ὄμβρος ἀέξει,
Νύμφαι δ' αὖ κλαίουσιν ὅτε δρυσὶν οὐκέτι φύλλα.

Ταῖς μὲν ἔτ' Ἀπόλλων ὑποκόλπιος αἰνὰ χολώθη,
φθέγξατο δ' οὐκ ἀτέλεστον, ἀπειλήσας ἐπὶ Θήβῃ·
« Θήβη, τίπτε, τάλαινα, τὸν αὐτίκα πότμον ἐλέγχεις;
» Μήπω, μή μ' ἀέκοντα βιάζεο μαντεύεσθαι.
» Οὔπω μοι Πυθῶνι μέλει τριποδήϊος ἕδρη,
» οὐδέ τί πω τέθνηκεν ὄφις μέγας, ἀλλ' ἔτι κεῖνο
» θηρίον αἰνογένειον ἀπὸ Πλειστοῖο καθέρπον
» Παρνησὸν νιφόεντα περιστέφει ἐννέα κύκλοις.
» Ἀλλ' ἔμπης ἐρέω τι τορώτερον ἢ ἀπὸ δάφνης·
» φεῦγε πρόσω· ταχινός σε κιχήσομαι, αἵματι λούσων
» τόξον ἐμόν. Σὺ δὲ τέκνα κακογλώσσοιο γυναικὸς
» ἔλλαχες. Οὐ σύ γ' ἐμεῖο φίλη τροφὸς, οὐδὲ Κιθαιρὼν
ἔσσεται· εὐαγέων δὲ καὶ εὐαγέεσσι μελοίμην. »

---

(1) Nom qu'on donnoit quelquefois à la ville de Delphes, à cauſe du ſerpent Python qu'Apollon avoit tué près de cette ville.

(2) Ce ne fut, ſelon la Fable, qu'après avoir tué le ſerpent Python, qu'Apollon rendit des oracles à Delphes.

donc nées avec les chênes? les Nymphes, du moins, ſe réjouiſſent quand la roſée ranime les chênes; & les Nymphes pleurent quand les chênes dépouillent leur feuillage.

Phœbus indigné, quoiqu'encore au ſein de ſa mère, adreſſe à Thèbes ces menaces qui n'ont point été vaines. « Pourquoi, malheureuſe Thèbes, m'obliger à dévoiler déjà ton deſtin? « Ne me force point à prophétiſer ton ſort. « Pytho *(1)* ne m'a point encore vu m'aſſeoir ſur « le trépied, & ſon terrible ſerpent n'eſt point « mort *(2)*. Ce monſtre barbu rampe encore ſur « les rives du Pliſtus *(3)*, &, de ſes replis tortueux, « embraſſe neuf fois le Parnaſſe que couvrent les « neiges. Toutefois je te le prédis, ici, plus clairement que du pied de mon laurier: fuis; mais « bientôt je t'atteindrai; bientôt je laverai mes « traits dans ton ſang; garde, garde les enfans « d'une femme orgueilleuſe *(4)*; ni toi, ni le Cithæron ne nourriront point mon enfance. Phœbus « eſt ſaint; c'eſt aux ſaints à lui donner un aſyle. »

---

(3) Fleuve de la Phocide, qui couloit au bas du mont Parnaſſe.

(4) Il déſigne ainſi la fameuſe Niobé & ſes enfans.

Il dit; & Latone retourna ſur ſes pas. Mais les villes d'Achaïe, mais Hélice, l'amie de Neptune, & Bure *(1)*, retraite des troupeaux de Dexamène, l'avoient déjà repouſſée: elle s'avança vers la Theſſalie. Vain eſpoir! le fleuve Anaurus, la ville de Lariſſe, les antres du Pélion, tout s'enfuit; & le Pénée précipita ſon cours au travers des vallons de Tempé.

Cependant ton cœur, o Junon, étoit encore inflexible. Déeſſe inexorable, tu la vis, ſans pitié, étendre ſes bras, & former vainement ces prières: « Nymphes de Theſſalie, filles du » Pénée, dites à votre père de ralentir ſon cours » impétueux; embraſſez ſes genoux; conjurez-le » de recevoir dans ſes eaux les enfans de Jupiter. » O Pénée, pourquoi veux-tu l'emporter ſur » les vents? o mon père, tu ne diſputes point » le prix de la courſe! es-tu donc toujours auſſi » rapide, ou ne le deviens-tu que pour moi? » & n'eſt-ce qu'aujourd'hui que tu trouves des

(1) Hélice & Bure étoient deux villes de l'Achaïe, qui furent englouties par la mer, vers la CII.^e Olympiade (environ trois cents ſoixante-dix ans avant l'ère Chrétienne). Le Poëte appelle Hélice l'*amie de Neptune*,

Ὣς ἄρ' ἔφη· Λητὼ δὲ μετάτροπος αὖθις ἐχώρει.
Ἀλλ' ὅτ' Ἀχαιϊάδες μιν ἀπηρνήσαντο πόληες
ἐρχομένην, Ἑλίκη τε, Ποσειδάωνος ἑταίρη,
Βοῦρά τε, Δεξαμενοῖο βοόστασις Οἰκιάδαο,
ἂψ δ' ἐπὶ Θεσσαλίην πόδας ἔτρεπε· φεῦγε δ' Ἄναυρος,
καὶ μεγάλη Λάρισσα, καὶ αἱ Χειρωνίδες ἄκραι·
φεῦγε δὲ καὶ Πηνειὸς ἑλισσόμενος διὰ Τεμπέων.

Ἥρη, σοὶ δ' ἔτι τῆμος ἀνηλεὲς ἦτορ ἔκειτο·
οὐδὲ κατεκλάσθης τε καὶ ᾤκτισας, ἡνίκα, πήχεις
ἀμφοτέρους ὀρέγουσα, μάτην ἐφθέγξατο τοῖα·
« Νύμφαι Θεσσαλίδες, ποταμοῦ γένος, εἴπατε πατρὶ
κοιμῆσαι μέγα χεῦμα· περιπλέξασθε γενείῳ, «
λισσόμεναι τὰ Ζηνὸς ἐν ὕδατι τέκνα δέκεσθαι. «
Πηνειὲ Φθιῶτα, τί νῦν ἀνέμοισιν ἐρίζεις; «
Ὦ πάτερ, οὐ μὴν ἵππον ἀέθλιον ἀμφιβέβηκας. «
Ἦ ῥά τοι ὧδ' αἰεὶ ταχινοὶ πόδες, ἢ ἐπ' ἐμεῖο «
μοῦνον ἐλαφρίζουσι; Πεποίησαι δὲ πέτεσθαι «

à cause que Neptune y étoit spécialement honoré. Dexamène, selon quelques Mythologues, étoit le père de Déjanire.

» σήμερον ἐξαπίνης; Ὁ δ' ἀνήκοος. Ὦ ἐμὸν ἄχθος,
» πῇ σε φέρω; μέλεοι γὰρ ἀπειρήκασι τένοντες.
» Πήλιον, ὦ Φιλύρης νυμφήϊον, ἀλλὰ σὺ μεῖνον·
» μεῖνον, ἐπεὶ καὶ θῆρες ἐν οὔρεσι πολλάκι σεῖο
ὠμοτόκους ὠδῖνας ἀπηρείσαντο λέαιναι. »

Τὴν δ' ἄρα καὶ Πηνειὸς ἀμείβετο, δάκρυα λείβων·
« Λητοῖ, Ἀναγκαίη μεγάλη θεός. Οὐ γὰρ ἔγωγε,
» πότνια, σὰς ὠδῖνας ἀναίνομαι· οἶδα καὶ ἄλλας
» λουσαμένας ἀπ' ἐμεῖο λεχωΐδας. Ἀλλ' ἐμοὶ Ἥρη
» δαψιλὲς ἠπείλησεν. Ἀπαύγασαι οἷος ἔφεδρος
» οὔρεος ἐξ ὑπάτου σκοπιὴν ἔχει, ὅς κ' ἐμὲ ῥεῖα
» βυσσόθεν ἐξερύσειε. Τί μήσομαι; Ἦ ἀπολέσθαι
» ἡδύ τί τοι Πηνειόν; Ἴτω πεπρωμένον ἦμαρ·
» τλήσομαι εἵνεκα σεῖο, καὶ εἰ μέλλοιμι, ῥοάων
» διψαλέην ἄμπωτιν ἔχων, αἰώνιον ἔρρειν,
» καὶ μόνος ἐν ποταμοῖσιν ἀτιμότατος καλέεσθαι.
Ἠνίδ' ἐγώ· τί περισσά; κάλει μόνον Εἰλήθυιαν. »

Εἶπε, καὶ ἠρώησε μέγαν ῥόον. Ἀλλά οἱ Ἄρης
Παγγαίου προθέλυμνα καρήατα μέλλεν ἀείρας
ἐμβαλέειν δίνῃσιν, ἀποκρύψειν δὲ ῥέεθρα.

aîles ? ..... Hélas ! il eſt ſourd..... Fardeau que je ne puis plus ſoutenir, où pourrai-je vous dépoſer ? & toi, lit nuptial de Philyre, o Pélion, attends-moi donc, attends ; les lionnes même n'ont-elles pas cent fois enfanté leurs cruels lionceaux dans tes antres ? »

Le Pénée, l'œil humide de pleurs, lui répond : « la Néceſſité, Latone, eſt une grande Déeſſe. Je ne refuſe point, vénérable Immortelle, de recevoir vos enfans : bien d'autres mères, avant vous, ſe ſont purifiées dans mes eaux. Mais Junon m'a fait de terribles menaces. Voyez quel ſurveillant m'obſerve du haut de ces monts ; ſon bras, d'un ſeul coup, me peut accabler. Que ferai-je ? faut-il me perdre à vos yeux ? allons, tel ſoit mon deſtin ; je le ſupporterai pour vous ; duſſai-je me voir à jamais deſſéché dans mon cours, &, ſeul de tous les fleuves, reſter ſans honneur & ſans gloire ; je ſuis prêt, c'en eſt fait, appelez ſeulement Ilithye ».

Il dit, & ralentit ſon cours impétueux. Bientôt Mars, déracinant les monts, alloit les lancer ſur lui, & l'enſévelir ſous les rocs du

Pangée *(1)*; déjà du haut de l'Æmus il pouſſe un cri terrible, & frappe ſon bouclier de ſa lance : l'armure rend le ſon de la guerre, & l'Oſſa en frémit ; les vallées de Cranon *(2)* & les cavernes glaciales du Pinde en tremblent, & l'Æmonie entière en treſſaille. Ainſi, quand le Géant terraſſé jadis par la foudre, ſe retourne ſur ſa couche, les antres fumans de l'Ætna ſont tous ébranlés ; les tenailles de Vulcain, le fer qu'il travaille, tout ſe renverſe dans la fournaiſe, & la forge retentit du choc épouvantable des trépieds & des vaſes. Tel fut le bruit horrible que rendit le divin bouclier. Pénée, toujours intrépide, demeuroit fixe & retenoit ſes ondes fugitives ; Latone lui cria : « Fuis, o Pénée, ſonge à te garantir : que ta » pitié pour moi ne faſſe point ton malheur : fuis, & compte à jamais ſur ma reconnoiſſance. »

A ces mots, quoiqu'accablée déjà de fatigue, elle marcha vers les îles, mais aucune ne voulut

(1) Montagne ſituée ſur les confins de la Thrace & de la Macédoine, & qui faiſoit partie du mont Æmus.

Ὑψόθε δ᾽ ἐσμαράγησε, καὶ ἀσπίδα τύψεν ἀκωκῇ
δούρατος· ἡ δ᾽ ἐλέλιξεν ἐνόπλιον· ἔτρεμε δ᾽ Ὄσσης
οὔρεα, καὶ πεδίον Κρανώνιον, αἵ τε δυσαεῖς
ἐσχατιαὶ Πίνδοιο· φόβῳ δ᾽ ὠρχήσατο πᾶσα
Θεσσαλίη· τοῖος γὰρ ἀπ᾽ ἀσπίδος ἔβραχεν ἦχος.
Ὡς δ᾽ ὁπότ᾽ Αἰτναίου ὄρεος πυρὶ τυφομένοιο
σείονται μυχὰ πάντα, κατουδαίοιο γίγαντος
εἰς ἑτέρην Βριαρῆος ἐπωμίδα κινυμένοιο,
θερμαυστραί τε βρέμουσιν ὑφ᾽ Ἡφαίστοιο πυράγρης,
ἔργα θ᾽ ὁμοῦ, δεινὸν δὲ πυρίκμητοί τε λέβητες
καὶ τρίποδες πίπτοντες ἐπ᾽ ἀλλήλοις ἰαχεῦσι·
τῆμος ἔγεντ᾽ ἄραβος σάκεος τόσος εὐκύκλοιο.
Πηνειὸς δ᾽ οὐκ αὖθις ἐχάζετο, μίμνε δ᾽ ὁμοίως
καρτερὸς, ὡς τὰ πρῶτα· θοὰς δ᾽ ἐστήσατο δίνας,
εἰσόκεν οἱ Κοιηῒς ἐκέκλετο· « Σώζεο χαίρων,
σώζεο· μὴ σύ γ᾽ ἐμεῖο πάθῃς κακὸν εἵνεκα, τῆσδε «
ἀντ᾽ ἐλεημοσύνης· χάριτος δέ τοι ἔσσετ᾽ ἀμοιβή. »

Ἦ, καὶ, πολλὰ πάροιθεν ἐπεὶ κάμεν, ἔστιχε νήσους
εἰναλίας· αἱ δ᾽ οὔ μιν ἐπερχομένην ἐδέχοντο·

---

(2) Ville de Theſſalie, ſituée dans les vallées de Tempé.

οὐ λιπαρὸν νήεσσιν Ἐχινάδες ὅρμον ἔχουσαι,
οὐδ' ἥτις Κέρκυρα φιλοξεινωτάτη ἄλλων·
Ἶρις ἐπεὶ πάσῃσιν ἀφ' ὑψηλοῖο Μίμαντος
σπερχομένη μάλα πολλὸν ἀπέτραπεν· αἱ δ' ὑπ' ὁμοκλῆς
πασσυδίῃ φοβέοντο, κατὰ ῥόον ἥντινα τέτμοι.

Ὠγυγίην δ' ἤπειτα Κόων Μεροπηΐδα νῆσον
ἵκετο, Χαλκιόπης ἱερὸν μυχὸν ἡρωΐνης.
Ἀλλά ἑ παιδὸς ἔρυκεν ἔπος τόδε· « Μὴ σύ γε, μῆτερ,
» τῇ με τέκοις. Οὔτ' οὖν 'πιμέμφομαι, οὐδὲ μεγαίρω
» νῆσον, ἐπεὶ λιπαρή τε καὶ εὔβοτος, εἴ νύ τις ἄλλη.
» Ἀλλά οἱ ἐκ Μοιρέων τις ὀφειλόμενος θεὸς ἄλλος
» ἐστὶ, ΣΑΩΤΗΡΩΝ ὕπατον γένος· ᾧ ὑπὸ μίτρην
» ἵξεται, οὐκ ἀέκουσα Μακηδόνι κοιρανέεσθαι,

(1) Petites îles ſituées proche de l'Étolie, à l'embouchure de l'Achéloüs; Callimaque eſt le ſeul qui en parle avec éloge.

(2) Iſle habitée jadis par les Phéaciens, dont Homère, dans l'Odyſſée, a tant loué la politeſſe pour les étrangers.

(3) Héros de la Fable qui, ſelon les Mythologues, avoit régné avec gloire dans l'île de Co.

(4) Héroïne qui n'eſt connue dans la Fable que par

la recevoir ; ni les Échinades *(1)*, dont le port eſt ſi favorable aux navires ; ni Corcyre *(2)*, la plus hoſpitalière des îles : Iris menaçante, au ſommet du Mimas, leur défendoit d'y conſentir ; & les îles épouvantées fuyoient toutes à l'approche de Latone.

Elle vouloit aborder à Co, ſéjour antique des ſujets de Mérops *(3)*, retraite ſacrée de Chalciope *(4)* ; mais Phœbus lui-même l'en détourna. « O ma mère, lui dit-il, ce n'eſt point là que tu dois m'enfanter ; non que je dédaigne « ou mépriſe cette Iſle. Je ſai qu'elle eſt, plus « qu'aucune autre, fertile en pâturages & féconde « en moiſſons. Mais les Parques lui réſervent « un autre Dieu, fils glorieux des SAUVEURS *(5)* ; « qui aura les vertus de ſon père, & verra l'un « & l'autre continent, avec les îles que la mer «

ſes amours avec Hercule, dont elle eut un fils qu'Homère appelle Eurypile.

(5) Le Poëte déſigne ainſi Ptolémée-Philadelphe, fils de Ptolémée-Soter & de Bérénice, que les Égyptiens avoient mis l'un & l'autre aux rangs des Dieux, ſous le nom de Dieux SAUVEURS. Ce Prince étoit né dans l'île de Co.

» baigne, du couchant à l'aurore, se ranger sans » peine sous le sceptre Macédonien *(1)*. Un jour » viendra qu'il aura, comme moi, de terribles » assauts à soutenir; lorsqu'empruntant le fer des » Celtes & le cimeterre des Barbares, de nou- » veaux Titans *(2)* aussi nombreux que les flocons » de la neige, ou que les astres qui peuplent un » ciel serein, fondront des extrémités de l'occi- » dent sur la Grèce. Ah! combien gémiront les » cités & les forts des Locriens, les roches de » Delphes, les vallons de Crissa, & les villes » d'alentour, quand chacun apprendra l'arrivée » de ces fiers ennemis, non par les cris de son » voisin, mais en voyant ses propres moissons » dévastées par le feu; quand, du haut de mon » temple, on apercevra leurs phalanges, & qu'ils » déposeront, auprès de mon trépied, leurs épées » sacriléges, leurs larges baudriers & leurs bou- » cliers épouvantables, qui, toutefois, serviront » mal cette race insensée de Gaulois; puisqu'une » partie de ces armes me sera consacrée, & que

---

(1) Ptolémée-Philadelphe, étant petit-fils de Lagus, étoit Macédonien d'origine.

(2) Il parle des Gaulois, & de leur invasion en Grèce,

ἀμφοτέρη μεσόγεια, καὶ αἳ πελάγεσσι κάθηνται, «
μέχρις ὅπου περάτη τε, καὶ ὁππόθεν ὠκέες ἵπποι «
Ἠέλιον φορέουσιν· ὁ δ' εἴσεται ἤθεα πατρός. «
Καί νύ ποτε ξυνός τις ἐλεύσεται ἄμμιν ἄεθλος «
ὕςατον, ὁππότ' ἂν οἱ μὲν ἐφ' Ἑλλήνεσσι μάχαιραν «
βαρβαρικὴν καὶ Κελτὸν ἀναςήσαντες ἄρηα «
ὀψίγονοι Τιτῆνες ἀφ' ἑσπέρου ἐσχατόωντος «
ῥώσωνται, νιφάδεσσιν ἐοικότες, ἢ ἰσάριθμοι «
τείρεσιν, ἡνίκα πλεῖςα κατ' ἠέρα βουκολέονται· «
φρούρια δὲ κῶμαί τε Λοκρῶν, καὶ Δελφίδες ἄκραι, «
καὶ πεδία Κεισαῖα, καὶ ἠπείροιο πόληες «
ἀμφιπεριςείνωνται· ἴδωσι δὲ πίονα καρπὸν «
γείτονος αἰθομένοιο· καὶ οὐκέτι μοῦνον ἀκουῇ, «
ἀλλ' ἤδη παρὰ νηὸν ἀπαυγάζοιντο φάλαγγας «
δυσμενέων, ἤδη δὲ παρὰ τριπόδεσσιν ἐμεῖο «
φάσγανα καὶ ζωςῆρες ἀναιδέες, ἐχθόμεναί τε «
ἀσπίδες, αἳ Γαλάτῃσι κακὴν ὁδὸν, ἄφρονι φύλῳ, «
ςήσονται· τέων αἱ μὲν ἐμοὶ γέρας, αἱ δ' ἐπὶ Νείλῳ, «

---

sous la conduite de Brennus, dans la CXXV.^e Olympiade, environ deux cents soixante-dix-huit ans avant l'ère Chrétienne.

» ἐν πυρὶ τοὺς φορέοντας ἀποπνεύσαντας ἰδοῦσαι,
» κείσονται, βασιλῆος ἀέθλια πολλὰ καμόντος
» ἐσσόμεναι. Πτολεμαῖε, τά τοι μαντήϊα φαίνω·
» αἰνήσεις μέγα δή τι τὸν εἰν ἔτι γαστέρι μάντιν
» ὕστερον ἤματα πάντα. Σὺ δ' ὦ ξυμβάλλεο, μῆτερ·
» ἔστι διειδομένη τις ἐν ὕδατι νῆσος ἀραιή;
» πλαζομένη πελάγεσσι· πόδες δέ οἱ οὐκ ἐνὶ χώρᾳ,
» ἀλλὰ παλιρροίῃ 'πινήχεται, ἀνθέρικος ὥς,
» ἔνθα Νότος, ἔνθ' Εὖρος, ὅπῃ φορέῃσι θάλασσα.
Τῇ με φέροις· κείνην γὰρ ἐλεύσεαι εἰς ἐθέλουσαν. »

Αἱ μὲν, τόσσα λέγοντος, ἀπέτρεχον εἰν ἁλὶ νῆσοι.
Ἀστερίη φιλόμολπε, σὺ δ' Εὐβοίηθε κατῄεις
Κυκλάδας ὀψομένη περιηγέας· οὔτι παλαιὸν,

---

(1) Tout le monde ſait de quelle manière miraculeuſe les Hiſtoriens diſent que la plupart des Gaulois furent exterminés, auprès du temple de Delphes qu'ils vouloient mettre au pillage. Mais Callimaque eſt le ſeul qui faſſe honneur à Ptolémée-Philadelphe de la défaite d'une partie de ces barbares. Cependant, comme il étoit contemporain, ſon autorité ſemble préférable à celle des autres Auteurs, tels que Pauſanias & Juſtin, qui n'ont écrit que dans des ſiècles poſtérieurs. De plus, le Scholiaſte du Poëte vient à l'appui de ſon témoignage, & nous apprend qu'après le

le reſte, ſur les bords du Nil, après avoir vu «
ceux qui les portoient expirer dans les flammes, «
ſera le prix des travaux d'un Prince infati- «
gable *(1)!* Tel eſt mon oracle, o Ptolémée; «
& quelque jour tu rendras gloire au Dieu «
qui, dès le ventre de ſa mère, aura prophétiſé «
ta victoire. Pour toi, ma mère, écoute mes «
paroles: il eſt, au milieu des eaux, une petite «
île remarquable, qui erre ſur les mers; elle «
n'eſt point fixe en un lieu, mais, comme une «
fleur, elle ſurnage & flotte au gré des vents «
& des ondes: porte-moi dans cette île, elle «
te recevra volontiers. »

Ainſi parla Phœbus, & les îles fuyoient toujours. Mais toi, tendre & ſenſible Aſtérie, quittant naguère les rivages de l'Eubée, tu venois viſiter les Cyclades, & tu traînois

---

déſaſtre des Gaulois auprès de Delphes, un certain Antigone, attaché à Ptolémée-Philadelphe, engagea le reſte de leur armée à ſe mettre au ſervice de ſon maître, qui pour lors avoit beſoin de troupes. Il ajoute qu'étant arrivés en Égypte, ils conſpirèrent ſecrètement pour s'emparer des tréſors de ce Prince, & que, leur projet ayant été découvert, ils furent tous mis à mort ſur le bord du Nil.

encore après toi la mousse du Géreste *(1)*. Saisie de pitié à la vue d'une infortunée *(2)*, qui succomboit sous le poids de ses peines, tu t'arrêtes & t'écries: « Junon menace en vain; je me livre à ses coups. Viens, Latone, viens sur mes bords. »

Tu dis, & Latone, après tant de fatigues, trouve enfin le repos. Elle s'assied sur les rives de l'Inopus, qui, chaque année, grossit son cours dans le même temps où le Nil tombe à grands flots des rochers d'Æthiopie *(3)*. Là, détachant sa ceinture, le dos appuyé contre le tronc d'un palmier, déchirée par la douleur la plus aiguë, inondée de sueur, & respirant à peine, elle s'écrie: « Pourquoi donc, cher
» enfant, tourmenter ta mère? ne suis-je pas
» dans cette île errante que tu m'as désignée?
» nais, o mon fils, nais, & sors avec moins de cruauté de mon sein. »

Cependant, inflexible épouse de Jupiter,

---

(1) Promontoire de l'Eubée.

(2) Ces deux vers étant visiblement corrompus, j'ai suivi le conseil de M. Ernesti, qui, dans la note où il rend compte des variantes que les différens manuscrits présentent en cet endroit, dit qu'il ne faut point s'obstiner à

ἀλλ' ἔπι τοι μετόπισθε Γεραίστιον εἵπετο φῦκος.
Ἔστης δ' ἐν μέσσῃσι, κατοικτείρασα δὲ Λητὼ,
Ἥρῃ αὐτίκ' ἔλεξας, ἐπεὶ περὶ καίεο κῆρι,
τλήμον' ὑπ' ὠδίνεσσι βαρυνομένην ὁρόωσα·
« Ἥρη, τοῦτό με ῥέξον, ὅ τοι φίλον· οὐ γὰρ ἀπειλὰς
ὑμετέρας ἐφύλαξα. Πέρα, πέρα εἰς ἐμὲ, Λητοῖ. »

Ἔννεπες· ἡ δ' ἄμα ῥητοῦ ἄλης ἀπεπαύσατο λυγρῆς.
Ἵζετο δ' Ἰνωποῖο παρὰ ῥόον, ὅντε βάθιστον
γαῖα τότ' ἐξανίησιν, ὅτε πλήθοντι ῥεέθρῳ
Νεῖλος ἀπὸ κρημνοῖο κατέρχεται Αἰθιοπῆος.
Λύσατο δὲ ζώνην, ἀπὸ δ' ἐκλίθη ἔμπαλιν ὤμοις
φοίνικος ποτὶ πρέμνον, ἀμηχανίης ὑπὸ λυγρῆς
τειρομένη· νότιος δὲ διὰ χροὸς ἔρρεεν ἱδρώς.
Εἶπε δ' ἀλυσθαίνουσα· « Τί μητέρα, κοῦρε, βαρύνεις;
Αὕτη τοι, φίλε, νῆσος ἐπιπλώουσα θαλάσσῃ.
Γείνεο, γείνεο, κοῦρε, καὶ ἤπιος ἔξιθι κόλπου. » «

Νύμφα Διὸς βαρύθυμε, σὺ δ' οὐκ ἄρ' ἔμελλες ἄπυστος

---

chercher le véritable ſens de ce que l'Auteur n'a peut-être jamais écrit.

(3) Voyez la Note ſur l'Hymne en l'honneur de Diane.

δὴν ἔμμεναι· τοίη σε προσέδραμεν ἀγγελιῶτις.
Εἶπε δ' ἔτ' ἀσθμαίνουσα, φόβῳ δ' ἀνεμίσγετο μῦθος·
« Ἥρη τιμήεσσα, πολὺ προὔχουσα θεάων,
» σὴ μὲν ἐγὼ, σὰ δὲ πάντα· σὺ δὲ κρείουσα κάθησαι
» γνησίη οὐλύμποιο· καὶ οὐ χέρα δείδιμεν ἄλλην
» θηλυτέρην· σὺ δ', ἄνασσα, τὸν αἴτιον εἴσεαι ὀργῆς:
» Λητώ τοι μίτρην ἀναλύεται ἔνδοθι νήσου.
» Ἄλλαι μὲν πᾶσαί μιν ἀπέστυγεν, οὐδ' ἐδέχοντο·
» Ἀστερίη δ' ὀνομαστὶ παρερχομένην ἐκάλεσσεν,
» Ἀστερίη, πόντοιο κακὸν σάρον· οἶσθα καὶ αὐτή.
» Ἀλλὰ, φίλη, δύνασαι γὰρ, ἀμύνειν, πότνια, δούλοις
ὑμετέροις, οἳ σεῖο πέδον πατέουσιν ἐφετμῇ. »

Ἦ, καὶ ὑπὸ χρύσεον ἐδέθλιον ἷζε, κύων ὥς
Ἀρτέμιδος, ἥτις τε, θοῆς ὅτε παύσεται ἄγρης,
ἵζει θηρήτειρα παρ' ἴχνεσιν· οὔατα δ' αὐτῆς
ὀρθὰ μάλ', αἰὲν ἑτοῖμα θεῆς ὑποδέχθαι ὁμοκλήν.
Τῇ ἰκέλη Θαύμαντος ὑπὸ θρόνον ἵζετο κούρη·
κείνη δ' οὐδέ ποτε σφετέρης ἐπιλήθεται ἕδρης,
οὐδ' ὅτε οἱ ληθαῖον ἐπὶ πτερὸν ὕπνος ἐρείσῃ·

(1) Le Sommeil.

tu ne devois pas long - temps ignorer cette nouvelle; bientôt ta prompte Meſſagère accourt hors d'haleine, & te tient ce diſcours entrecoupé par la crainte : « O toi, la plus puiſſante des Déeſſes, vénérable Junon, Iris eſt « à toi, l'Univers t'appartient, tu marches égale « au roi de l'Olympe : nous ne craignons ici « d'autre Déeſſe que toi. Toutefois, o Reine, « apprends ce qui doit exciter ta colère. Latone « eſt reçue dans une île, elle y détache ſa ceinture. « Toutes les autres l'ont repouſſée; mais Aſtérie « l'a d'elle-même invitée: Aſtérie, vil fardeau de « la mer..... Déeſſe, tu la connois,...... « mais venge-nous, tu le peux, venge tes Mi- « niſtres, qui, pour t'obéir, étoient deſcendus « ſur la terre. »

Elle dit, & s'aſſit au bas du trône d'or de la Déeſſe. Ainſi le chien de Diane, après une courſe rapide, ſe repoſe à ſes pieds, les oreilles droites, & toujours attentives à la voix de ſa maîtreſſe. Telle la fille de Thaumas eſt aux genoux de Junon; jamais elle ne quitte cette place, pas même dans les inſtans où le Dieu de l'oubli *(1)* lui couvre les yeux de ſes ailes;

mais, ſur les marches même du trône, la tête penchée, elle dort d'un ſomme léger, ſans ôter ſa ceinture, ni ſes brodequins, crainte d'un ordre ſubit de ſa Reine. Junon indignée, frémit & s'écrie: « Ainſi, du moins, infames » objets des amours de Jupiter, puiſſiez-vous » cacher toujours vos plaiſirs adultères, & en » dépoſer les fruits, non dans l'aſyle ouvert » aux dernières des eſclaves, mais dans les antres » déſerts où les vaches marines enfantent leurs » petits! Toutefois, j'oublie l'injure que me » fait Aſtérie; elle ne reſſentira point un cour- » roux qu'elle a bien mérité par ſa pitié pour » Latone. Je lui dois trop, puiſqu'elle n'a point » ſouillé mon lit, & qu'elle a préféré la mer à mon époux *(1)*. »

Ainſi parla Junon. Cependant les chantres harmonieux de Phœbus, les cygnes de Méonie, quittant le Pactole *(2)*, vinrent tourner ſept fois autour de Délos, & chantèrent autant de fois l'accouchement de Latone. Ce fut en mémoire de ces chants, ſept fois répétés, que,

---

(1) Voyez la Note ſur le V. 37.

ἀλλ' αὐτοῦ μεγάλοιο ποτὶ γλωχῖνα θρόνοιο,
τυτθὸν ἀποκλίνασα καρήατα, λέχριος εὕδει·
οὐδέ ποτε ζώνην ἀναλύεται, οὐδὲ ταχείας
ἐνδρομίδας, μή οἵ τι καὶ αἰφνίδιον ἔπος εἴπῃ
δεσπότις. Ἡ δ' ἀλεγεινὸν ἀλαστήσασα προσηύδα·
« Οὕτω νῦν, ὦ Ζηνὸς ὀνείδεα, καὶ γαμέοισθε
λάθρια, καὶ τίκτοιτε κεκρυμμένα, μηδ' ὅθι δειλαὶ «
δυστοκίαις μογέουσιν ἀλετρίδες, ἀλλ' ὅθι φῶκαι «
εἰνάλιαι τίκτουσιν ἐνὶ σπιλάδεσσιν ἐρήμοις. «
Ἀστερίῃ δ' οὐδέν τι βαρύνομαι εἵνεκα τῆσδε «
ἀμπλακίης, οὐδ' ἔστιν ὅπως ἀποθύμια ῥέξω, «
τόσσα δέοι· μάλα γάρ τε κακῶς ἐχαρίσσατο Λητοῖ· «
ἀλλά μιν ἔκπαγλόν τι σεβίζομαι, οὕνεκ' ἐμεῖο «
δέμνιον οὐκ ἐπάτησε, Διὸς δ' ἀνθείλετο πόντον. »

Ἡ μὲν ἔφη. Κύκνοι δὲ θεοῦ μέλποντες ἀοιδοὶ
Μηόνιον Πακτωλὸν ἐκυκλώσαντο λιπόντες
ἑβδομάκις περὶ Δῆλον, ἐπήεισαν δὲ λοχείῃ.
Ἔνθεν ὁ παῖς τοσσάσδε λύρῃ ἐνεδήσατο χορδὰς

---

(2) Fleuve célèbre de la haute Lydie, autrement appelée Méonie.

ὕστερον, ὁσσάκι κύκνοι ἐπ' ὠδίνεσσιν ἄεισαν.
Ὄγδοον οὐκ ἔτ' ἄεισαν, ὁ δ' ἔκθορεν. Αἱ δ' ἐπὶ μακρὸν
Νύμφαι Δηλιάδες, ποταμοῦ γένος ἀρχαίοιο,
εἶπαν Ἐλειθυίης ἱερὸν μέλος· αὐτίκα δ' αἰθὴρ
χάλκεος ἀντήχησε διαπρυσίην ὀλολυγήν.
Οὐδ' Ἥρη νεμέσησεν, ἐπεὶ χόλον ἐξέλετο Ζεύς.

Χρύσεά τοι τότε πάντα θεμείλια γείνετο, Δῆλε.
Χρυσῷ δὲ τροχόεσσα πανήμερος ἔῤῥεε λίμνη,
χρύσειον δ' ἐκόμησε γενέθλιον ἔρνος ἐλαίης·
χρυσῷ δ' ἐπλήμμυρε βαθὺς Ἰνωπὸς ἑλιχθείς.
Αὐτὴ δὲ χρυσέοιο ἀπ' οὔδεος εἵλεο παῖδα,
ἐν δ' ἐβάλευ κόλποισιν, ἔπος τ' ἐφθέγξαο τοῖον·
« Γῆ μεγάλη, πολύβωμε, πολύπτολι, πολλὰ φέρουσα,
» πίονες ἤπειροί τε, καὶ αἳ περιναίετε νῆσοι,
» αὕτη ἐγὼ τοίηδε δυσήροτος· ἀλλ' ἀπ' ἐμεῖο
» ΔΗΛΙΟΣ Ἀπόλλων κεκλήσεται. Οὐδέ τις ἄλλη
» γαιάων τοσσόνδε θεῷ πεφιλήσεται ἄλλῳ·

---

(1) Il est souvent fait mention, chez les Anciens, de ce lac de Délos, qu'on appeloit le lac Trochoïde, parce qu'il étoit rond.

dans la ſuite, le Dieu monta ſa lyre de ſept cordes. Ils chantoient encore pour la ſeptième fois & Phœbus naquit. Les nymphes Déliennes, les filles de l'antique Inopus, entonnèrent l'hymne ſacré d'Ilithye; la voûte céleſte répéta leurs concerts éclatans, & Junon n'en fut point courroucée; Jupiter l'avoit appaiſée.

Délos, en cet inſtant, tout, chez toi, devint or; ton lac *(1)*, en ce jour, ne roula que de l'or; le palmier, au pied duquel Phœbus étoit né, s'ombragea de feuilles d'or, & l'or groſſit les flots du profond Inopus. Toi-même élevant, de ton ſol parſemé d'or, l'enfant divin, & l'approchant de ton ſein, tu t'écrias: « Vaſte Univers, qui renfermez tant de villes & de « temples; continens fertiles, & vous îles qui « les entourés, je ne ſuis qu'une île aride; « toutefois c'eſt mon nom qu'Apollon portera, « & jamais terre ne ſera chérie autant que moi « de ſon Dieu. Oui, Cerchnis *(2)* ſera moins « aimée de Neptune, la Crète de Jupiter, & «

(2) Cerchnis, ou Cenchris, ou, comme on l'appelle plus communément, Cenchrée, étoit l'un des deux ports de Corinthe, l'autre s'appeloit le Léchée.

» le mont Cyllène *(1)* de Mercure : je vais cesser d'être errante. »

Tu dis, & l'enfant suça tes mamelles. Dès-lors, tu fus nommée la plus sainte des îles, la nourrice d'Apollon. Jamais Bellone, jamais la Mort, ni les coursiers de Mars *(2)* n'ont approché de tes bords ; mais, chaque année, les nations t'envoient les prémices & la dixme de leurs fruits. Du couchant à l'aurore, du nord au midi, tous les peuples, jusqu'à ceux qui, les plus antiques de tous, habitent les climats hyperborées, célèbrent des fêtes en ton honneur. Ceux-ci, même, sont les plus empressés à t'apporter leurs épis & leurs gerbes sacrées ; présens nés dans un climat lointain, & que les gardiens austères de l'urne fatidique *(3)*, reçoivent

---

(1) Montagne d'Arcadie.

(2) Tous les peuples de l'antiquité conservoient un si grand respect pour Délos, que les Perses, même au temps de leur invasion dans la Grèce, où ils se firent un devoir de religion de renverser les temples, & de briser les statues des dieux des Grecs, parce qu'ils ne les reconnoissoient point, engagèrent néanmoins les Déliens, que la crainte avoit fait sortir de leur île, à y revenir ; & qu'ils les laissèrent jouir de tous les avantages de la neutralité,

οὐ Κερχνὶς κρείοντι Ποσειδάωνι Λεχαίου, «
οὐ πάγος Ἑρμείῃ Κυλλήνιος, οὐ Διὶ Κρήτη, «
ὡς ἐγὼ Ἀπόλλωνι· καὶ ἔσσομαι οὐκ ἔτι πλαγκτή. »

Ὧδε σὺ μὲν κατέλεξας· ὁ δὲ γλυκὺν ἔσπασε μαζόν.
Τῷ καὶ νησάων ἁγιωτάτη ἐξέτι κείνου
κλήζῃ, Ἀπόλλωνος κουροτρόφος. Οὐδέ σ' Ἐνυώ,
οὐδ' Ἀΐδης, οὐδ' ἵπποι ἐπιστείβουσιν Ἄρηος.
Ἀλλά τοι ἀμφιετεῖς δεκατηφόροι αἰὲν ἀπαρχαὶ
πέμπονται. Πᾶσαι δὲ χοροὺς ἀνάγουσι πόληες,
αἵ τε πρὸς ἠοίην, αἵ θ' ἕσπερον, αἵ τ' ἀνὰ μέσσην
κλήρους ἐστήσαντο, καὶ οἳ καθύπερθε βορείης
οἰκία θινὸς ἔχουσι, πολυχρονιώτατον αἷμα.
Οἱ μέν τοι καλάμην τε καὶ ἱερὰ δράγματα πρῶτοι
ἀσταχύων φορέουσιν· ἃ Δωδώνηθε Πελασγοὶ

---

disant qu'ils ne se résoudroient jamais à profaner un lieu qui avoit donné la naissance à deux Divinités. Il est vrai qu'Apollon & Diane, étant réputés la même chose que le Soleil & la Lune, étoient en quelque façon des Dieux communs aux Perses & aux Grecs.

(3) Les Selles, ou les Helles (comme on les appeloit quelquefois) descendans directs d'une peuplade de Pélasges, la plus ancienne des nations étrangères qui se soit établie

τηλόθεν ἐκβαίνοντα πολὺ πρώτιστα δέχονται
γηλεχέες, θεράποντες ἀσιγήτοιο λέβητος.
Δεύτερον ἱερὸν ἄστυ, καὶ οὔρεα Μηλίδος αἴης
ἔρχονται· κεῖθεν δὲ διαπλώουσιν Ἀβάντων
εἰς ἀγαθὸν πεδίον Ληλάντιον· οὐδ' ἔτι μακρὸς
ὁ πλόος Εὐβοίηθεν, ἐπεὶ σέο γείτονες ὅρμοι.
Πρῶταί τοι τάδ' ἔνεικαν ἀπὸ ξανθῶν Ἀριμασπῶν
Οὖπίς τε, Λοξώ τε, καὶ εὐαίων Ἑκαέργη,

---

dans la Grèce, étoient les Miniſtres du temple de Jupiter à Dodone. Ils menoient une vie très-auſtère, s'abſtenant de bain, & couchant ſur la dure. Voilà pourquoi le Poëte, ſans les nommer, ne les déſigne ici que par les épithètes γηλεχέες, *qui couchent à terre*, & de θεράποντες ἀσιγήτοιο λέβητος, *Miniſtres du vaſe d'airain qui ne ſe tait jamais*. On ſait que tous les Auteurs s'accordent à dire qu'on entendoit perpétuellement dans l'enceinte du temple de Dodone, un bruit ſemblable au ſon que rend un vaſe d'airain quand on le frappe, quoiqu'ils parlent avec diverſité de ce qui pouvoit occaſionner ce bruit: diverſité qui ſans doute ne vient, comme l'a remarqué M. de Fontenelle *(Hiſt. des Oracl.)* d'après van Dale, que de l'attention des Prêtres à cacher tout ce qui ſe paſſoit dans le fond de leur temple.

(1) Petit peuple qui habitoit une contrée entourée de montagnes, ſituée vers l'embouchure du fleuve Sperchius, vis-à-vis de l'île d'Eubée.

d'abord à Dodone, pour les porter enſuite au ſéjour montueux & ſacré des Méliens *(1)*, qui, franchiſſant la mer, les tranſmettent aux Abantes *(2)*, dans les plaines charmantes de Lélas, d'où le trajet eſt court juſqu'à toi, puiſque les ports de l'Eubée ſont voiſins de tes côtes. Les filles de Borée, l'heureuſe Hécaërge, Oupis & Loxo, ſuivies de jeunes hommes choiſis ſur toute leur nation, t'ont, les premières *(3)*, apporté ces offrandes de la part des blonds Arimaſpes *(4)*. Ni les unes

---

(2) Ancien nom des premiers habitans de l'île d'Eubée. (Voyez la note ſur le vers 20 de cet Hymne). Ils habitoient la plaine de Lélas, lieu renommé dans cette île pour une ſource d'eau ſalutaire qu'on y trouvoit.

(3) Tous les Auteurs ſe réuniſſent pour rapporter, comme un fait conſtant, qu'anciennement, de jeunes filles, ſuivies de quelques jeunes gens du même pays qu'elles, étoient venus, du fond des climats ſeptentrionaux, porter des offrandes à Délos; & à l'exception de quelque différence dans les noms qu'il donne à ces jeunes filles, Hérodote s'accorde avec Callimaque au ſujet des honneurs que les Déliens rendirent à ces étrangères après leur mort, ainſi qu'aux jeunes gens qui les avoient accompagnées.

(4) Nation qui faiſoit partie des peuples ſeptentrionaux, compris ſous la dénomination générale d'Hyperboréens.

ni les autres n'ont revu leur patrie; mais leur deſtin fut heureux; mais leur gloire ne meurt point; puiſque les jeunes Déliennes, (dans ces jours, où l'hymen & ſes chants effarouchent les vierges) conſacrent à ces hôtes du nord les prémices de leurs chevelures, & que les jeunes Déliens leur offrent le premier duvet que le raſoir moiſſonne ſur leurs joues.

Aſtérie, île parfumée d'encens! les Cyclades ſemblent former un chœur autour de toi. Jamais Heſperus aux longs cheveux n'a vu la ſolitude ni le ſilence régner ſur tes bords; mais toujours il y entend réſonner des concerts. Les jeunes hommes y chantent l'hymne fameux que le vieillard de Lycie, le divin Olen, t'apporta des rives du Xanthus; & les jeunes filles y font retentir la terre ſous leurs pas cadencés. On y voit, chargée de couronnes, la ſtatue célèbre que Théſée & les enfans d'Athènes conſacrèrent jadis à Vénus. Échappés à la rage du monſtre mugiſſant que la fille de Minos avoit enfanté, dégagés du tortueux labyrinthe, ils danſèrent, au ſon des cithares, autour de tes autels, & Théſée lui-même ordonnoit leur

θυγατέρες Βορέαο, καὶ ἄρσενες οἳ τότ' ἄριστοι
ἠϊθέων. Οὐδ' οἵ γε παλιμπετὲς οἴκαδ' ἵκοντο·
εὔμοιροι δ' ἐγένοντο, καὶ ἀκλέες οὔποτ' ἐκεῖνοι.
Ἤτοι Δηλιάδες μὲν, (ὅτ' εὐήχης Ὑμέναιος
ἤθεα κουράων μορμύσσεται) ἥλικα χαίτην
παρθενικαῖς, παῖδες δὲ θέρος τὸ πρῶτον ἰούλων
ἄρσενες ἠϊθέοισιν ἀπαρχόμενοι φορέουσιν.

Ἀστερίη θυόεσσα, σὲ μὲν περί τ' ἀμφί τε νῆσοι
κύκλον ἐποιήσαντο, καὶ ὡς χορὸν ἀμφεβάλοντο.
Οὔτε σιωπηλὴν, οὔτ' ἄψοφον οὖλος ἐθείραις
Ἕσπερος, ἀλλ' αἰεί σε καταβλέπει ἀμφιβόητον.
Οἱ μὲν ὑπαείδουσι νόμον Λυκίοιο γέροντος,
ὅν τοι ἀπὸ Ξάνθοιο θεοπρόπος ἤγαγεν Ὠλήν·
αἱ δὲ ποδὶ πλήσσουσι χορήτιδες ἀσφαλὲς οὖδας.
Δὴ τότε καὶ στεφάνοισι βαρύνεται ἱρὸν ἄγαλμα
Κύπριδος ἀρχαίης ἀειήκοον· ἥν ποτε Θησεύς
εἵσατο σὺν παίδεσσιν, ὅτε Κρήτηθεν ἀνέπλει,
οἳ χαλεπὸν μύκημα καὶ ἄγριον υἷα φυγόντες
Πασιφάης, καὶ γναμπτὸν ἕδος σκολιοῦ λαβυρίνθου,
πότνια, σὸν περὶ βωμὸν, ἐγειρομένου κιθαρισμοῦ,

κύκλιον ὠρχήσαντο· χοροῦ δ' ἡγήσατο Θησεύς.
Ἔνθεν ἀειζώοντα θεωρίδος ἱερὰ Φοίβῳ
Κεκροπίδαι πέμπουσι τοπήϊα νηὸς ἐκείνης.

Ἀστερίη πολύβωμε, πολύλλιτε, τίς δέ σε ναύτης
ἔμπορος Αἰγαίοιο παρήλυθε νηῒ θεούσῃ;
Οὐχ οὕτω μεγάλοι μιν ἐπιπνείουσιν ἀῆται,
χρειὼ δ' ὅττι τάχιστον ἄγει πλόον· ἀλλὰ τὰ λαίφη
ὠκέες ἐστείλαντο, καὶ οὐ πάλιν αὖθις ἔβησαν,
πρὶν μέγαν ἢ σέο βωμὸν ὑπὸ πληγῇσιν ἑλίξαι
ῥησσόμενοι, καὶ πρέμνον ὀδακτάσαι ἁγνὸν ἐλαίης,
χεῖρας ἀποστρέψαντες· ἃ Δηλιὰς εὕρετο Νύμφη
παίγνια κουρίζοντι καὶ Ἀπόλλωνι γελαστύν.

Ἱστίη ὦ νήσων, εὐέστιε, χαῖρε μὲν αὐτή,
χαίροι δ' Ἀπόλλων τε, καὶ ἣν ἐλοχεύσατο Λητώ.

---

(1) C'est ce fameux vaisseau, appelé *Théoris*, que les Athéniens envoyoient tous les ans à Délos.

(2) Il appelle ainsi Délos, parce qu'elle est au milieu

ΤΈΛΟΣ.

danſe. Depuis ce temps, c'eſt ſon navire, ſoigneuſement conſervé, que les neveux de Cécrops envoient tous les ans porter leur hommage à Phœbus *(1)*.

Aſtérie, île ſainte, île où l'on a dreſſé mille autels! quel nocher, dans ſa courſe rapide, traverſa jamais la mer Ægée ſans s'arrêter ſur tes côtes? quelque favoriſé qu'il ſoit des vents, quelque ſoin qui le preſſe, ſoudain il abaiſſe ſes voiles, deſcend ſur tes rivages, & ne remonte ſur ſon bord qu'après avoir mordu le tronc ſacré de ton olivier, & fait le tour de ton autel, les mains liées derrière le dos, s'offrant de lui-même au fouet de tes Prêtres, en mémoire de ce jeu, qu'une nymphe de Délos inventa jadis pour amuſer l'enfance d'Apollon.

Salut, o Délos, divin foyer *(2)* des îles! ſalut à toi, ſalut à Phœbus, ſalut à la fille de Latone!

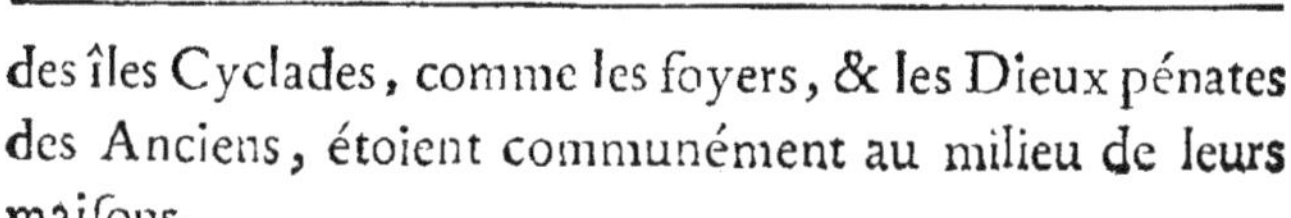

des îles Cyclades, comme les foyers, & les Dieux pénates des Anciens, étoient communément au milieu de leurs maiſons.

F I N.

ERRATA.

Page 13, *vers* 1 ; Θήχαο δ', *lisez* Θήκαο

Ibid...... *vers* 5 ; ἀντιπαρῆκας, *lisez* αὖθι παρῆκας

Page 17, *vers* 10 ; Ὠκεανῷ, *lisez* Ὠκεανῶ

Page 26, *vers* 20 ; οφειλόμενον, *lisez* ὀφειλόμενον

Page 34, *vers* 12 ; Καλλιχόρῳ, *lisez* Καλλιχόρω

Page 41, *vers* 20 ; Οὔτε μιν, *lisez* Οὔτέ μιν

Page 46, *vers* 1 ; Ἤ *lisez* Ἢ

Ibid...... *vers* 6 ; ἔφαγε, *lisez* ἔφαγεν

Page 104, *vers* 2 ; ὑρεσιν, *lisez* ὔρεσιν

Page 108, *vers* 11 ; εἰπὼν *lisez* εἰπών,

Page 112, *vers* 8 ; Ἑρμείης. *lisez* Ἑρμείης

www.ingramcontent.com/pod-product-compliance
Ingram Content Group UK Ltd.
Pitfield, Milton Keynes, MK11 3LW, UK
UKHW020547180726
13838UKWH00001B/89

9 782329 375410